미륵불과 메시아

Maitreya Buddha and Messiah

彌勒佛 著

(株)阿那

저자 **彌勒佛**(一名·金鉉斗)

▶ 법화경 해설서

『우주간의 법 해설 무량의경』(2009)
『우주간의 법 해설 정본(正本) 반야바라밀다심경』(2008)
『묘법연화경 해설 1~14』(총 14권)
『묘법연화경 해설 제 이십사 관세음보살보문품』(2005)
『관보현보살행법경 해설』(2006)

▶ 경전 해설서

『우주간의 법 해설 삼일신고』(2009)
『화엄일승법계도 근본진리해설』(2002)
『천부경 천부진리 해석 완역』(2003)
『우주간의 법 해설 금강경』(2007)
『북두칠성연명경해설』(2005)

▶ 단행본

『미륵불과 메시아(Maitreya Buddha and Messiah)』(2015)
『무량의경(無量義經) 약본(略本)』(2015)
『미륵부처님께서 밝히시는 한민족(韓民族)들이 가야만 하는 길』(2013)
『미륵부처님께서 밝히시는 문명(文明)의 종말(終末)』(2011)
『묘법연화의 실상(實相)의 법(法)』(2006)
『우주간의 법 해설 대승보살도의 기초교리』(2009)
『현대과학 용어로 본 유식사상과 여래장과 선』(2003)
『미륵부처님께서 밝히시는 우르난쉐(Ur-Nanshe)님에 대한 진리(眞理)』(2014)

▶ 예언서 해설서

『우주간의 법 해설 요한계시록』(2008)
『격암유록 남사고비결 해설 上,下』(2001)

▶ 경전 독송용

『관보현보살행법경 독송용』(2006)
『약사유리광여래본원공덕경』(2008)

▶ 출간 예정 도서

『妙法華(묘법화)의 실상(實相)의 법(法)』
『(개정) 우주간의 법 해설 대승보살도 기초교리』
『(개정) 우주간의 법 해설 정본(正本) 반야바라밀다심경』
『(개정) 우주간의 법 해설 삼일신고(三一神誥)』
『진실(眞實)된 세계역사(世界歷史)와 종교(宗敎) 상, 하』
『미륵부처님께서 밝히시는 잃어버린 진실(眞實)된 한민족(韓民族)들의 역사(歷史)』
『(개정) 불교기초교리핵심 81강』

※ 절판 및 품절 저서들에 대한 소개는 생략합니다.

미륵불과 메시아
(Maitreya Buddha and Messiah)

지은이	彌 勒 佛
펴낸이	최 원 아
펴낸곳	(주) 아나, 2001년 1월 22일 등록 제16-9호
입력	혜경
편집인쇄	이노디자인
초판발행	2015년 5월 21일(1판 1쇄)
초판인쇄	2015년 5월 21일(1판 1쇄)
주소	부산광역시 기장군 기장읍 차성남로 62 아나빌딩 3층
전화번호	(051) 723-2261~3
팩스	(051) 723-2264
홈페이지	http://www.brahmanedu.org (브라만법화연수원) (미륵부처님 직강 강의 동영상과 법문 공개)
저작권	ⓒ 2015, (주)아나
가격	10,000원
ISBN	978-89-89958-47-5(03220)

서 문

《마왕불교(魔王佛敎)》교주(敎主)인《악마(惡魔)의 신(神)》인 《석가모니》에 의해《석가모니 하나님 부처님》께서 설(說)하신《미륵상부경》불법(佛法)이 파괴되어 잘못 전하여져 오고 있는 것을 지상(地上)에서 서기 2000년에 지구(地球)를 법신(法身)으로 하여 불법(佛法) 일치된 완전함의 부처(佛)를 이루신《미륵불(佛)》께서 이에 대한 근본(根本)과 불법(佛法) 파괴로 잘못 전하여진《미륵》부처(佛)에 대한 기록을 중생들에게 바로 알리기 위해 이번《미륵불(佛)》과《메시아(Messiah)》에 대한 소책자를 만들어 여러분들께 드리는 것이니 구독을 하시어 많은 분들께《메시아》이신 《미륵불》에 대한 올바른 정보를 전하여 주시기를 당부 드리면서 인사의 글로 대하는 바이다.

서기 2015년 4월

《메시아》이신 미륵불 드림

목 차

1. 불교 구분

[1] 보살불교(菩薩佛敎) ··· 13

[2] 성문(聲聞)의 불교(佛敎) ··· 15

[3] 정토불교(淨土佛敎, Pure Land Buddhism) ··············· 20

[4] 『연각불교(緣覺佛敎)』 ··· 24

[5] 『독각불교(獨覺佛敎)』 ··· 26

2. 대마왕 불교(大魔王佛敎)와 대마왕신(大魔王神) 불교(佛敎) · 31

3. 미륵불(메시아)

[1] 마왕불교(魔王佛敎)와 미륵불(佛) ···························· 41

[2] 미륵불(彌勒佛)의 여정(旅程) ··································· 44

※ 이해를 위한 장 1 : [법보화(法報化) 삼신(三身)] ············· 49

※ 이해를 위한 장 2 : [1차 우주 쿠데타] ····················· 58

[3] 지상(地上)에서의 인간 문명(人間文明) ················· 76

[4] 메시아(Messiah)와 인류 북반구 문명 ···················· 79

[5] 『한국(韓國)을 중심한 구막한제국(寇莫韓帝國)』 ············· 90

[6] 『문수보살(文殊菩薩)과 단군왕검(檀君王儉)』 ················ 95

(1) 〔단군조선(檀君朝鮮)의 역사(歷史) 왜곡의 실상(實相) 정리〕· 101

(2) 지구(地球)와 문수보살(文殊菩薩) ····················· 103

[7] 『윤회(輪廻)와 인연과보(因緣果報)』 ······················ 108

(1) 지옥(地獄) ·· 115

[8] 『미륵불(彌勒佛)의 성불(成佛)』 ·························· 121

[9] 『미륵불(佛)이신 메시아(Messiah)의 경고(警告)』 ····· 129

(1) 기독교(基督敎)의 뿌리 ······························· 129

(2) 로마 구원사상과 줄리안력(율리우스력) ·············· 139

※ 특기(特記) : 줄리안력과 아노 도미니 사상의 수난과
그레고리안력 ··· 145

(3) 잘못된 기독교의 출현과 메시아의 경고 ············· 157

[10] 『메시아(Messiah)이신 미륵불(彌勒佛)의 당부(當付)』 170

1. 불교 구분

[1] 보살불교
[2] 성문(聲聞)의 불교(佛敎)
[3] 정토불교(淨土佛敎)
[4] 연각불교(緣覺佛敎)
[5] 독각불교(獨覺佛敎)

1. 불교 구분

[1] 보살불교(菩薩佛敎)

　지상(地上)에서 시작된 불교(佛敎)는 교주(敎主)이신 《석가모니 하나님 부처님(佛)》께서 《북반구 문명기(北半球文明期)》(8000BC~AD2000) 때인 《BC 3512년》에 한국(韓國)을 중심한 《구막한제국(寇莫韓帝國)》(3898BC~2333BC) 5대 태우의 한웅님》(재위 3512BC~3419BC)으로 이름하고 오시어 《천부경(天符經)》, 《삼일신고(三一神誥)》, 《황제중경(皇帝中經)》, 《황제내경(皇帝內經)》 등 4대 경전(經典)을 바탕으로 하여 창시(創始)하신 종교(宗敎)가 《토착불교(土着佛敎)》로 이름되는 《한단불교(桓檀佛敎)》이며, 이후 반복

(反復)되는 윤회(輪廻)로 고대(古代) 《인도》의 《인드라프라스타(Indraprastha)》왕 《유디스티라(Yudhisthira)》(생몰 3418BC~3347BC)로 재탄생하신 이후 일찍이 《태우의 한웅님》(재위 3512BC~3419BC)으로 이름하고 오셨을 때 《막내아들》로 태어난 《복희씨》로 이름된 《문수보살》로 하여금 《아리안족(Aryans)》들에게 전달한 《한단불교》 4대 경전(經典) 중 《천부경(天符經)》, 《삼일신고(三一神誥)》, 《황제중경(皇帝中經)》을 《인도인》들의 정서에 맞도록 《산스크리트어(語)》로 쉽게 풀어서 기록하여 《리그베다(Rig Veda)》로 이름하고 《황제내경(皇帝內經)》을 《산스크리트어(語)》로 따로 번역하여 제자들에게 전하여 제자들이 이를 공부한 후 《석가모니 하나님 부처님》께 《법(法)》 인가(印可)를 위해 지금의 《논문(論文)》 제출하듯이 제출케 하여 이를 묶어 《우파니샤드》로 이름한 후 《리그베다(Rig Vedas)》와 《우파니샤드(Upanishads)》를 경전(經典)으로 하여 《BC 3370년》에 《브라만교(Brahmanism)》를 창시함으로써 《한단불교(桓檀佛敎)》를 이름만 바꾸어 《브라만교(敎)》라고 이름한 《브라만교(敎)》가 《석가모니 하나님 부처님》께서 창시(創始)하신 《대승(大乘)》 《보살불교(菩薩佛敎)》가 되는 것이다.

[2] 성문(聲聞)의 불교(佛敎)

현존(現存) 우주가 탄생할 때 처음 만들어진 우주가 《상천궁(上天宮)》이며 이러한 《상천궁(上天宮)》 다음으로 현재의 북극성(北極星)을 중심으로 만들어진 초기 우주를 《천일우주(天一宇宙)》 100의 궁(宮)이라고 한다. 이러한 《천일우주(天一宇宙)》 100의 궁(宮)에는 《9개 성단(星團)》이 자리하며 각 성단(星團)에는 인간(人間)들이 거주하는 별(星)이 자리를 한다.

[그림] 상천궁(上天宮) 10성(星)

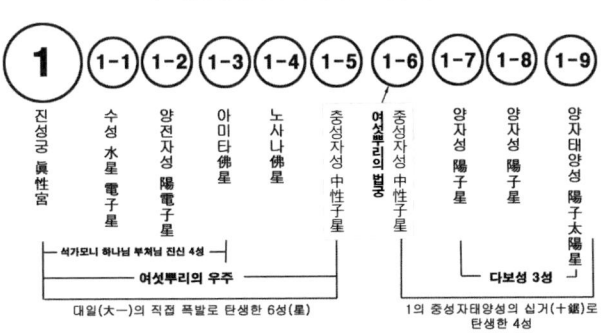

이와 같은 《천일우주(天一宇宙)》 100의 궁(宮)에서 지금으로부터 100억 년(億年) 전(前)에 《선악(善惡)》 양면성(兩面性)을 근본 바탕으로 하는 《대마왕(大魔王)》 불보살(佛菩薩)들과 《악(惡)》을 근본 바탕으로 하는 《악마(惡魔)의 신(神)》들인 《대마왕신(大魔王神)》들이 결탁하여 《석가모니 하나님 부처님》께서 《천일일(天一一) 우주》 창조를 위해 《천일우주(天一宇宙)》 100의 궁(宮)을 비운 사이 때에 《선(善)》을 근본 바탕으로 하는 《아미타불》을 그의 아들로 태어난 《세트 신(神)》을 사주하여 《아미타불》을 살해하여 《영혼(靈魂)》 죽임까지 시키고 성단(星團)을 탈취하는 《1차 우주 쿠데타》를 결행하여 성공을 한다. 이러한 이후 《대마왕(大魔王)》들과 《대마왕신(大魔王神)》들은 《천일우주(天一宇宙)》 100의 궁(宮)을 정복하여 다스림으로써 《선천우주(先天宇宙)》 기간 동안 《천일우주(天一宇宙)》 100의 궁(宮)을 《욕망(慾望)》이 가득 찬 우주로 전락을 시킨 것이다.

이와 같은 《집착(執着)》과 《욕망(慾望)》함에 가득 찬 진화(進化)를 하여 온 《천일우주(天一宇宙)》 100의 궁(宮) 9개 성단(星團) 출신의 인간 무리들의 진화(進化)와 각양

[그림] <현 일우주 100억 궁> 성단 무리들의 지상에서의 진화

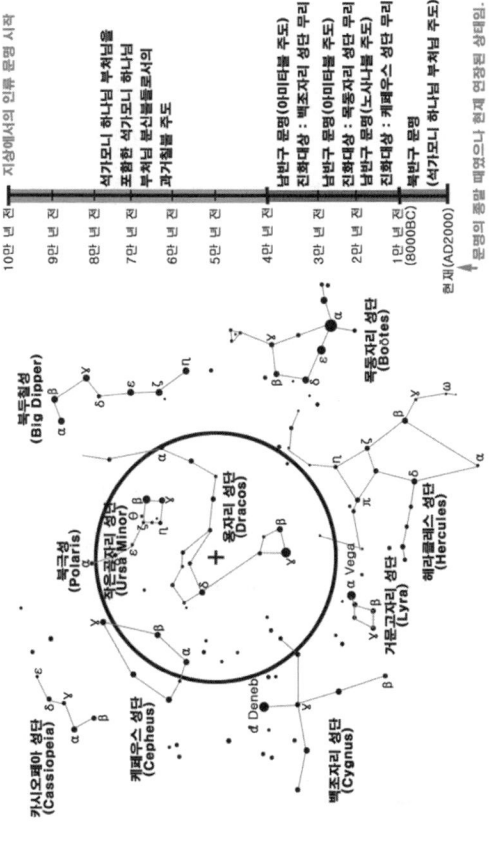

성문의 불교 17

각색의 인간 육신(肉身)을 가진 이들 인간 무리들의 《육신(肉身)》이 아름다움을 갖춘 지금의 지상(地上)의 인간 무리들과 같은 통일된 외형(外形)의 《육신(肉身)》을 가진 인간 진화(進化)를 위하여서는 《법공(法空)》의 《0(ZERO)》 지점에 위치한 우리들이 살고 있는 지구상(地球上)으로 와야 하기 때문에, 《원천창조주》이신 《석가모니 하나님 부처님》께서는 《선천우주(先天宇宙)》 기간이 끝나갈 무렵 이들 《천일우주(天一宇宙)》 100의 궁(宮) 9개 성단 인간 무리들의 《영혼(靈魂)》과 《영신(靈身)》과 《속성(屬性)》 등 셋이 하나가 되어 진화하여 인간의 육신(肉身)을 갖게 되는 우주간(宇宙間)의 법칙인 《3-1의 법칙》을 따르는 습성을 이용하여 이들 모두들의 《영혼(靈魂)》과 《영신(靈身)》과 《속성(屬性)》들을 지금으로부터 《십만 년(十萬年)》 전(前)부터 매(每) 일만 년(一萬年) 마다 1개 성단(星團)의 인간 무리들을 지상(地上)으로 끌어내려 진화(進化)시켜 진화된 그들 무리들을 본래부터 그들이 온 성단으로 되돌려 보내기를 6번 한 것이 지금으로부터 10만 년 전(前)부터 4만 년 전(前)까지로써 이때 이들을 위해 불법(佛法)을 가르친 분들이 《석가모니 하나님 부처님》을 포함한 《석가모니 하나님 부처님》 분신불(分身佛)들로서 『과거칠불(過去七佛)』들이라고 하며 이때의 가르침을 『성문(聲聞)의 불교(佛敎)』라고 한다.

   이러한 《성문(聲聞)의 불교(佛敎)》는 《수다원과(須陀洹果)》와 《사다함과(斯陀含果)》과 《아나함과(阿那含果)》를 거쳐 인간 완성(完城)의 부처(佛) 이룸의 자리인 《아라한과(阿羅漢果)》의 지위에 도달하는 《성문 4과(聲聞四果)》를 수행하는 불교(佛敎)로써 《대승보살불교》보다 우주적으로 《50억 년(億年)》 진화(進化)가 후퇴한 불교(佛敎)이다.

[3] 정토불교(淨土佛敎, Pure Land Buddhism)

《천일궁(天一宮)》1차 우주 쿠데타 때《영혼 죽임》을 당한《아미타불(佛)》이 50억 년(億年)의 인욕선인(忍辱仙人)의 생활을 끝내고《노사나불(佛)》께서 이끄시는《지일이(地一二)》우주 1-3의 길에서 다시 부활하시고《커 블랙홀》성단을 만들어 중심에 자리한 후 일적(一積)의 모든 과정을 겪고《황금알 대일(大一)》을 이루기까지 먼저 천이삼(天二三) 우주를 탄생시킨 후《황금알 대일(大一)》의 대폭발로 지금으로부터 10억 년(億年) 전(前)에 《시리우스》태양성(太陽星)을 법신(法身)으로 하여 다시 불법(佛法) 일치된 완전한 깨달음의 부처(佛)를 이루시고 새로운《아미타불(佛)》로 거듭 탄생하시는 것이다. 이러한《시리우스(Sirius)》태양성(太陽星)이 현재 만들고 있는 우주(宇宙)가《서방극락정토》로 알려진《천이일(天二一)》우주이다.

이와 같이 새롭게 태어나신《아미타불(佛)》께서《노

사나불(佛)》과 함께 《과거칠불》께서 《성문의 불법》으로 교화하신 《천일우주 100의 궁》의 9개 성단 중 6개 성단을 제외한 나머지 3개 성단의 인간 무리들의 《영혼》과 《영신》과 《속성》들을 지상(地上)으로 끌어내려 매 1만 년마다 문명의 종말기를 맞이하는 순서로 3만 년 문명기를 주도한다. 즉, 《북반구 문명》이 시작되는 BC 8000년 이전 3만 년 문명기를 《아미타불》과 《노사나불》 주도의 《남반구(南半球)》 문명이라고 하는 것이다.

이러한 《남반구 문명(南半球文明)》에서 지금으로부터 4만 년 전(前)에서 3만 년 전(前) 1만 년 문명기를 《아미타불》께서 《백조자리(Cygnus) 성단》의 인간 무리들을 끌어내려 반복(反復)되는 윤회(輪廻)를 통하여 진화(進化)시켜 그들의 성단으로 되돌려 보낸 문명기로써 《남미(南美)》의 안데스 산(山) 밑에 있는 《나스카 문양》이 유적으로 남아 있으며 이후 《아미타불》께서 일부 그의 후손 무리들을 이끌고 대서양을 건너 《이집트》에 당도하시어 3만 년 전(前)에서 2만 년 전(前)까지 1만 년을 《목동자리(Boötes)》 《알파성》 주위에 있는 《아미타불》 진신 4성(星)에 거주하는 일부 인간 무리들을 끌어내려 반복(反復)되는 윤회(輪廻)를 통하여 진화(進化)시켜 그들의 성단으로 되돌려 보낸 문명기이다.

 이러한 《이집트》에서의 1만 년 문명기가 끝이 난 후 문명의 종말을 맞이하여 《노사나불》께서 일부 후손들을 거느리고 대서양을 건너 《멕시코》와 남미(南美) 일대에서 2만 년 전(前)에서 1만 년 전(前)까지 1만 년 기간 동안 《케페우스(Cepheus) 성단》에서 진화하여 온 인간 무리들을 끌어내려 진화(進化)시켜 문명의 종말과 함께 다시 그들의 성단으로 되돌려 보낸 것이다.

 이로써 《아미타불》과 《노사나불》께서 3만 년(萬年) 동안 《남반구(南半球) 문명(文明)》을 펼치면서 전한 불법(佛法)이 《석가모니 하나님 부처님》의 『진리(眞理)의 법(法)』과 『정토불교(淨土佛敎)』로써 이때 남겨진 경전(經典)이 《아미타경》, 《무량수경》, 《승만경》, 《유마경》 등으로써 《스핑크스》가 《관세음보살》의 형상화이며 각종 《피라미드 텍스트(Pyramid texts)》가 《석가모니 하나님 부처님》『진리(眞理)의 법(法)』과 《아미타불》의 『정토사상(淨

土思想)』에 관련된 것들로써 이때 인간 무리들에게 전한 종교(宗敎)가 《서방(西方)》 극락정토로 가기를 원하는 《정토불교(淨土佛敎)》이며, 현재 《이집트》에는 《4만 년》 역사를 가진 훌륭한 선대문명(先代文明)의 유물(遺物)과 기록들이 보관되어 있음을 아시기 바란다.

[4] 『연각불교(緣覺佛敎)』

《연각(緣覺)》불교(佛敎)는 《인선(人仙)》, 《지선(地仙)》, 《천선(天仙)》, 《금선(金仙)》의 과정을 거치는 《연등불(佛)》과 《문수보살 1세》가 추구한 《단군조선(檀君朝鮮)》때 신앙하던 《신선도(神仙道)》인 《선교(仙敎)》와 뒷날 《단군조선(檀君朝鮮)》이후 《도교(道敎)》로 이름된 《북두칠성연명경》과 《도덕경》과 《선(禪)》수행을 하는 《연각불교(緣覺佛敎)》와 《관세음보살》께서 추구하신 《마왕불보살(魔王佛菩薩)》을 목표로 하는 《상좌부 연각불교》와 《마왕 관음불교(觀音佛敎)》가 《연각불교(緣覺佛敎)》에 해당이 되며 《관음경(觀音經)》과 《천수경(千手經)》과 《금강경(金剛經)》과 교외별전(敎外別傳)된 《선법(禪法)》이 그들 수행법이 되는 불교(佛敎)의 한 부분을 《마왕 관음불교(觀音佛敎)》라고 하는 것이다.

이와 같이 《신선도(神仙道)》인 《선교(仙敎)》와 《마왕 관음불교(觀音佛敎)》와 《상좌부 연각불교》 모두를 《연각불교(緣覺佛敎)》라고 하는 것이다. 이러한《연각불교(緣覺佛敎)》는《성문(聲聞)의 불교(佛敎)》보다《50억 년(億年)》진화(進化)가 늦은 불교(佛敎)가 되는 것이다.

 이와 같은《연각불교(緣覺佛敎)》중 수행의 전 과정을 거쳐《순리(順理)》를 따라 궁극적으로《성문(聲聞)》의 대열에 합류하였을 때 정상적인 진화(進化)의 길에 들어가서《불, 보살(佛菩薩)》을 이룰 수 있음으로써《성문(聲聞)》의 대열에 합류하기까지《순리(順理)》를 따르느냐《역리(逆理)》를 따르느냐에 따라《성불(成佛)》과《파멸(波滅)》의 길을 택하게 된다는 점이 중요한 것이며, 설사《연각 수행》의 최고위(最高位)인《금선(金仙)의 자리에 어렵게 나아갔다 하여도《금선(金仙)》이 어느 한 지점에《집착(執着)》을 하면 일순간에《대마왕(大魔王)》불보살(佛菩薩)로 전환이 되어 이를 벗어나지 못하면 궁극적인《파멸(波滅)》을 맞이하게 된다는 사실을 깊이 인식하시기 바란다.

[5] 『독각불교(獨覺佛敎)』

《독각불교(獨覺佛敎)》는 1-2 우주(宇宙) 진화(進化)의 길을 따르는 무리들로서 《선악(善惡)》 양면성을 가진 《대마왕 불교(大魔王佛敎)》와 《악(惡)》을 근본 바탕으로 하는 《악마(惡魔)의 신(神)》들로서 《대마왕신(大魔王神) 불교(佛敎)》를 하는 무리들로 나누어지며, 《대마왕 불교(大魔王佛敎)》는 《연각불교(緣覺佛敎)》를 하는 무리들보다 《50억 년(億年)》 진화가 늦은 불교(佛敎)를 하며 《대마왕 불교(大魔王佛敎)》나 《대마왕신(神) 불교(佛敎)》 모두는 독자적인 《경전(經典)》이 없기 때문에 《석가모니 하나님 부처님》께서 설(說)하신 《성문(聲聞) 불교(佛敎)》 경전(經典)을 그들 입맛에 맞도록 왜곡하여 그들의 경전(經典)들이라고 거들먹거리고 있는 것이다.

이러한 경전(經典)들은 《석가모니 하나님 부처님》의 뜻이 왜곡되어 《대마왕(大魔王)》 부처(佛)나 《대마왕신 부처(佛)》의 뜻이 담겨 이를 가지고 인간 무리들 《정신세계(精神世界)》를 지배함으로써 궁극적으로 인간 무리들을 《파멸(波滅)》의 길로 인도하고 있는 것이다.

이러한 《독각불교(獨覺佛敎)》의 대표되는 것이 BC 6세기 고대 《인도》에서 《악마(惡魔)의 신(神)》인 《대마왕신(大魔王神)》《석가모니》가 반쪽짜리 부처(佛)인 《대마왕신(大魔王神)》 부처(佛)를 이루고 《석가모니 하나님 부처님》께서 설(說)하신 《성문불교(聲聞佛敎)》의 법(法)을 훔쳐 와서 마치 자기가 깨달아 얻은 법(法)인 양 앵무새처럼 설(說)한 것임을 후대의 불자(佛者)들께서는 알아야 할 필요가 있으며, 반쪽짜리 《대마왕신(大魔王神)》 부처(佛)에게는 불법(佛法) 일치된 완전한 깨달음의 법(法)이 있을 수 없다는 사실을 미륵불(佛)이 분명히 하는 것이다.

[그림] 진화 정도에 따른 불교 구분

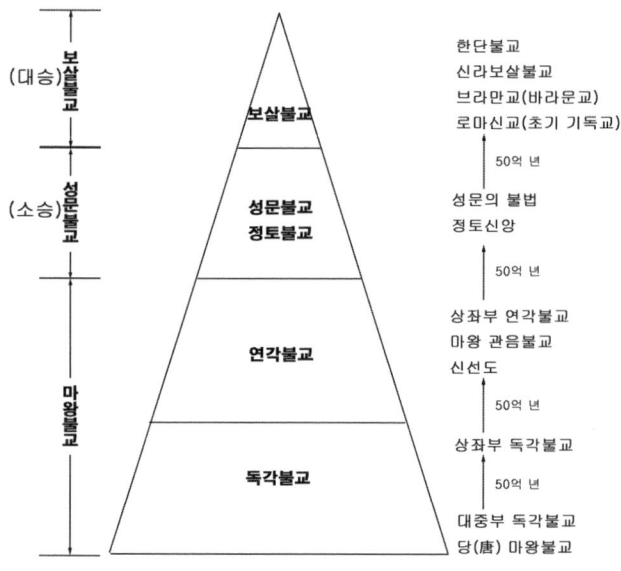

2. 대마왕 불교(大魔王佛敎)와
   대마왕신 불교(大魔王神佛敎)

2. 대마왕 불교(大魔王佛敎)와
대마왕신 불교(大魔王神佛敎)

지금까지 지상(地上)에서 펼쳐진 불교(佛敎)를 상세하게 설명 드린 이유는 《음양(陰陽)》의 《마왕불교(魔王佛敎)》인 《대마왕 불교(大魔王佛敎)》와 《대마왕신 불교(大魔王神佛敎)》의 실체를 드러내기 위해 상세한 설명을 드린 것이다. 지금까지 구분된 불교(佛敎) 중 『대승보살불교(大乘菩薩佛敎)』와 『성문불교(聲聞佛敎)』와 『정토불교(淨土佛敎)』를 제외한 《연각불교(緣覺佛敎)》가 《음(陰)의 마왕불교(魔王佛敎)》로써 《대마왕 불교(大魔王佛敎)》가 되며 《독각불교(獨覺佛敎)》가 《양(陽)의 마왕불교(魔王佛敎)》로써 《대마왕신 불교(大魔王神佛敎)》가 된다. 이러한 《대마왕 불교(大魔王佛敎)》와 《대마왕신 불교(大魔王神佛敎)》가 《반쪽짜리 부처(佛)》인 《대마왕 부처(大魔王佛)》와 《대마왕신 부처(大魔王神佛)》가 교주(敎主)로 자리한 《마왕불교(魔王佛敎)》가 되는 것이다.

　

이와 같은 《마왕불교(魔王佛敎)》의 탄생이 《선천우주(先天宇宙)》 진화기(進化期)가 끝이 나는 지상(地上)의 인류 북반구(北半球) 문명기 내(內)에서 탄생할 수 있도록 최고(最高) 《악마(惡魔)의 신(神)》인 《비로자나 1세》는 일찍부터 《상천궁(上天宮)》에서 탄생한 그의 아들 이름을 《석가모니 하나님 부처님》 명호를 도적질하여 《석가모니》로 이름하고 때가 되면 《원천창조주》이신 《석가모니 하나님 부처님》께서 만드신 우주적(宇宙的)인 종교(宗敎)인 《불교(佛敎)》와 《불법(佛法)》 탈취를 하기 위해 지금으로부터 100억 년 전 천일궁(天一宮)에서 1차 우주 쿠데타를 일으켰던 최고(最高)의 《대마왕신(神)》 《비로자나 1세》와 최고(最高)의 《대마왕(大魔王)》 《다보불(佛)》과 《대마왕(大魔王)》 《관세음보살》과 《문수보살 1세》와 《석가모니》와 《연등불(佛)》 등이 작당을 하여 《악마(惡魔)의 신(神)》인 《석가모니》가 BC 6세기 고대 《인도》에서 《성불(成佛)》하였다고 떠벌린 이후 일찍부터 《석가모니 하나님 부처님》께서 지상(地上)에서 《성문(聲聞)》들에게 설(說)하신 《성문불교(聲聞佛敎)》의 경전(經典)을 훔쳐 와서 《불법(佛法)》을 왜곡하여 《악마(惡魔)의 신(神)인 반쪽짜리 부처(佛)인 《석가모니》가 깨달은 법(法)인 양 위장하고 부처(佛) 놀이 쇼(Show)를 벌인 실태가 《마왕불교(魔王佛敎)》의 출발점이 되는 것이다.

 이와 같이 《마왕불교(魔王佛敎)》 교주(敎主)들인 《대마왕신(大魔王神)》《석가모니》와 《대마왕(大魔王)》《관세음보살》과 《다보불(佛)》 등은 《대마왕신(大魔王神)》《석가모니》(생몰 577BC~497BC) 멸후 《대가섭존자》를 상좌로 한 500비구가 모여 《굴내결집(窟內結集)》한 경율(經律) 2장으로 된 온전한 《성문(聲聞)의 불법(佛法)》을 《위제희》부인으로 이름하고 온 《관세음보살》이 《대마왕(大魔王)》 보살(菩薩)들인 《사리프타》와 《목건련》과 《바사파》 등과 그들을 추종하는 마왕 승려들을 동원하여 《굴내결집본(窟內結集本)》을 《그리스 자연사상》을 가미하여 불법(佛法)을 왜곡하여 《굴외결집본(窟外結集本)》으로 이름하고 불자(佛者)들을 속이는 파렴치한 짓을 하여 《연각(緣覺)》과 《독각(獨覺)》 불교(佛敎)의 경전(經典)으로 둔갑시킨 것이다.

이와 같이 《석가모니불》 멸후 왜곡되기 시작한 《굴내결집본(窟內結集本)》인 《성문(聲聞)의 불법(佛法)》은 《굴외결집본》으로 이름된 《연각(緣覺)과 독각(獨覺)》 불교 경전(佛敎經典)으로 바뀐 후 《악마(惡魔)의 신(神)》인 《석가모니불(佛)》이 반복(反復)되는 윤회(輪廻)로 BC 4세기 《마하데바(Mahadeva)》로 이름하고 와서 《굴외결집본(窟外結集本)》을 경전(經典) 재결집을 핑계로 《대중부 독각(大衆部獨覺)》 불교 경전(佛敎經典)으로 바꾸게 된다.

이러한 이후 이에 불만을 가진 《관세음보살》이 4차로 BC 3세기 남자 몸을 받고 《아쇼카》 왕(재위 274BC ~232BC)으로 이름하고 와서 재결집의 명분으로 《경율 2장》에 《논장(論藏)》을 첨가하여 삼장(三藏)으로 만들어 다시 불법(佛法) 파괴된 《상좌부 연각과 독각》 불교(佛敎) 경전으로 만들어 전하여져 오다가 이후 《당(唐)》의 건국과 함께 《다보불(佛)》과 《문수보살 1세》에 의해 다시 불법(佛法)이 파괴되어 《당마왕불교(唐魔王佛敎)》 경전으로 바뀌어 오늘에 전하여져 오고 있으며 《팔만대장경》 상당수는 불법(佛法)이 파괴된 가치 없는 경전(經典)들로 바뀌어 있음을 미륵불(佛)이 분명히 하는 것이다.

이와 같이 하여 파괴된 《석가모니 하나님 부처님》 불법(佛法)을 《대마왕 불교(佛敎)》 교주(敎主)들인 《악마의 신(神)》 《석가모니》와 《대마왕(大魔王)》 《관세음보살》과 《다보불(佛)》 등이 수하 이들을 따르는 《마왕(魔王)》 중 놈들을 동원하여 전문 지식이 없는 순진한 불자(佛者)들을 현혹시켜 《정신적(精神的)》 지배를 한 지 2,500년이 경과한 이때 《선천우주(先天宇宙)》 기간을 마감하기 위해 《인간 추수》를 하시는 《원천창조주》이신 《석가모니 하나님 부처님》께서 이들 인간 무리 60% 이상을 공포스럽기 짝이 없는 《무간지옥(無間地獄)》으로 보내야만 하는 절박한 시점에 도달하여 있는 지금의 때는 《마왕불교》가 지금의 세상(世上)을 덮고 있는 때로써 때에 모든 불자(佛者)들은 이들이 펼쳐 놓은 《마왕불교》 그물망으로부터 하루빨리 벗어나야 《석가모니 하나님 부처님》으로부터 비롯되는 후천우주(後天宇宙) 구원된 우주(宇宙)로 넘어갈 수 있음을 바로 알려 드리는 것이며, 《선천우주(先天宇宙)》 마감 기한을 지나 그 연장선상에 있는 지금의 때에 오늘을 살고 있는 인간 무리들에게 이를 깨우쳐 《대마왕신(神)》 부처(佛)와 《대마왕》 부처(佛)들로부터 인간들을 벗어나게 하여 구원(救援)되는 우주인 《후천우주(後天宇宙)》로 인간 무리들을 인도하기 위해 필사의 노력을 경주하는 일환으로 이에 《미륵불(佛)》의 절박한 호소를 여러분들에게 전하게 되는 것이다.

 사정이 이러함에도 《대마왕 불교》와 《대마왕신(神) 불교》를 하는 마왕(魔王) 중놈들이 그들보다 우주적(宇宙的)으로 《100억 년(億年)》 이상 진화(進化)가 빠른 《성문불교(聲聞佛敎)》를 하는 무리들을 《소승(小乘)》이라 비웃으며 《상좌부 연각과 독각 불교》를 하는 《연각(緣覺)》과 《독각(獨覺)》 무리들을 《벽지불(辟支佛)》이라고 이름하며 그들이 대승(大乘)이라고 거들먹거리는 파렴치한 사기극을 지금도 벌이고 있음을 오늘을 살고 있는 모든 불자(佛者)들은 분명히 아시기를 바라는 바이며, 지금까지 설명에서도 드러나 있듯이 《악마(惡魔)의 신(神)》인 반쪽짜리 부처(佛)를 이룬 《석가모니》가 자리한 《대마왕신(大魔王神) 불교(佛敎)》보다 우주적(宇宙的)으로 《200억 년(億年)》 진화(進化)가 빠른 《보살불교(菩薩佛敎)》가 《대승(大乘)》으로써 제일 수승한 《불교(佛敎)》라는 점을 《미륵불(佛)》이 분명히 하는 것이다.

이와 같이 《대마왕 불교(大魔王佛敎)》와 《대마왕신(神) 불교(佛敎)》가 혼재되어 지금 세상(世上)을 덮고 있는 것이기 때문에 때에 모든 불자(佛者)들은 이들이 펼쳐놓은 《마왕(魔王)》불교(佛敎)로부터 하루빨리 벗어나야 《석가모니 하나님 부처님》으로부터 비롯되는 《후천우주(後天宇宙)》 구원된 우주(宇宙)로 태어나서 성불(成佛)할 때까지 계속 진화의 길을 걷게 될 것임을 알아야 하며, 이들 《대마왕(大魔王)》 불보살(佛菩薩)들이나 《대마왕신》들과 이들의 가르침이 담긴 불법(佛法) 파괴된 경전들로부터 벗어나지 못하였을 때 향후 인간으로서의 태어남은 없이 《무간지옥(無間地獄)》으로 떨어져야만 하는 이치가 결정이 되어 있는 것임을 알려 드리는 것이며, 《BC 6세기》 고대 《인도》에서 《성불(成佛)》하였다고 떠벌린 《석가모니》는 《악마(惡魔)의 신(神)》으로서 반쪽짜리 부처(佛)인 《대마왕신(神)》 부처(佛)를 이룬 자(者)가 일찍부터 《원천창조주》이신 《석가모니 하나님 부처님》께서 만드신 우주적(宇宙的)인 종교(宗敎)인 《불교(佛敎)》와 《불법(佛法)》 탈취를 위해 《석가모니 하나님 부처님》 명호(名號)를 도적질하여 스스로 《석가모니》라고 칭한 파렴치한 《대마왕신(大魔王神)》 부처(佛)임을 《미륵불(佛)》이 밝히는 바이며, 《선천우주(先天宇宙)》 마감 기한을 지나 그 연장선상에 있는 지금의 때에 오늘을 살고 있는 인간 무리들에게 이를 깨우쳐 《대마왕신(大魔王神)》 부처(佛)로부터 인간들을 벗어나게 하여 《구원(救援)》되는 우주(宇宙)인 《후천우주(後天宇宙)》로 데려가기 위해 필사의 노력을 하고 있으나 《대마왕》들과 《대마왕신(神)》 중놈들에 의해 세뇌된 인간 무리들이 2,500년간 그들에게 속아 깨어나지를 못함으로써 이마저 큰 어려움에 봉착해 있다.

3. 미륵불(메시아)

[1] 마왕불교와 미륵불
[2] 미륵불의 여정(旅程)
[3] 지상에서의 인간 문명
[4] 메시아와 인류 북반구 문명
[5] 한국(韓國)을 중심한
    구막한제국(寇莫韓帝國)
[6] 문수보살과 단군왕검
[7] 윤회(輪廻)와 인연과보(因緣果報)
[8] 미륵불의 성불(成佛)
[9] 미륵불이신 메시아의 경고
[10] 메시아(Messiah)이신 미륵불의 당부

3. 미륵불(메시아)

[1] 《마왕불교(魔王佛教)》와 《미륵불(佛)》

　《악마(惡魔)의 신(神)》인 《대마왕신(大魔王神)》《석가모니불(佛)》이 《석가모니 하나님 부처님》께서 남기신 《성문(聲聞)의 불법(佛法)》 중 《미륵삼부경》 내용을 왜곡하여 《미륵 부처(佛)》는 《악마(惡魔)의 신(神)》인 《석가모니불(佛)》이 열반(涅槃)에 든 후 《56억 7천만 년》 후에 오탁악세인 사바세계에 하생(下生)하여 《대마왕신(大魔王神)》인 《석가모니》 부처를 대신하여 용화수 아래에서 설법하여 고통 받는 중생들을 제도한다고 꾸며서 기록한 파렴치한 짓을 함으로써 때에 《미륵불(佛)》이 세간(世間)에 그 모습을 드러내어 중생 제도를 하는 것을 원천적으로 봉쇄하고 《마왕불교(魔王佛敎)》를 하는 《마왕 중놈》들은 《미륵 종단》을 만들어 어리석은 중생들을 속이는 파렴치한 짓을 지금도 계속하고 있으며 악질적인 일부 자(者)들은 《미륵부처님》의 가르침과는 전연 관계가 없는 가르침으로 《종단(宗團)》을 만들어 《미륵 부처(佛)》의 이름으로 중생들을 속여 돈벌이에만 급급하는 사기꾼 무리들이 판을 치고 있는 실정이다.

특히, 《미륵불》을 서구사회에서는 《메시아(Messiah)》로 이름한다. 이러한 《메시아》로 이름하는 《미륵불(佛)》이 지금의 때에 지상(地上)에 그 모습을 드러내고 인간 무리들에게 가르침을 베풀고 있는 데도 인간 무리들은 이를 헤아려 보지 못하고 귀중한 시간을 낭비하고 있는 것이며, 상대적으로 가짜 《메시아》로 이름하는 《미륵불》들이 한국(韓國)을 비롯한 세계 도처에서 그들이 《메시아》로 이름하는 《미륵불》이라고 사칭하는 파렴치한 짓을 하면서 《메시아》이신 《미륵불》의 가르침도 아닌 것으로 인간 무리들의 정신세계(精神世界)를 더럽혀 육신(肉身) 죽음 이후에는 파멸(波滅)의 길로 가야만 하는 엄청난 죄(罪)를 예사롭게 지음으로 이제 더 이상 이를 두고 방치할 수가 없어 《메시아》이신 《미륵불》이 지금까지 《메시아》이신 《미륵불》에 대한 잘못 전하여진 내용들을 바로 잡아 진리(眞理)로 회귀(回歸)시켜 방황하는 인간들 무리에게 올바른 진화(進化)를 하여 가야 할 곳을 가르치고 《메시아(Messiah)》이신 《미륵불(佛)》이 과연 어떠한 부처(佛)인지를 바로 알리기 위해 이번 강의를 진행하는 것이니 강의를 들으시는 분들께서는 한치의 의심을 일으키지 마시고 주위의 여러분들에게도 권하여 미륵부처님의 올바른 가르침을 받아 세세생생 복(福) 받는 삶을 영위해 갈 수 있도록 권유하시기를 당부 드리면서 다음을 진행하겠다.

[2] 미륵불(彌勒佛)의 여정(旅程)

미륵불(佛)이 곧 《메시아(Messiah)》이심을 염두에 두시고 다음 설명을 검토하시기 바란다.

(1)
> 《미륵(彌勒)》은 지금으로부터 112억 년(億年) 전(前) 《상천궁(上天宮)》8번째 별(星)인 《1-7의 성(星)》을 법신(法身)으로 하여 《석가모니 비로자나 3세(釋迦牟尼毘盧蔗那 三世)》로서 《석가모니 하나님 부처님》분신(分身)의 아들로 태어난 것이 첫 번째 태어남이다.

(2)
> 두 번째 태어남이 《천일궁(天一宮)》인 《작은곰자리》 성단(星團)의 《감마성(星)》을 법신(法身)으로 하여 《석가모니 하나님 부처님》육신불(肉身佛)이신 《다보불(佛)》의 장남으로 태어난 후 《용자리》《알파성(星)》을 법신(法身)으로 한 《문수보살 1세》를 동생(同生)으로 거느리게 된다. 이때에 《미륵》은 《보살도(菩薩道)》성취의 《보살(菩薩)》을 이루는 것이다.

(3)

> 다음으로 세 번째 태어남이 《독수리자리》《알파성(星)》인 견우성(牽牛星)을 법신(法身)으로 하여 태어나게 된다.

※ 《천일궁(天一宮)》 작은곰자리 성단의 《감마성(星)》은 지금 우리들 지구(地球)와 같이 인간들이 사는 별(星)이다. 이러한 《감마성(星)》에서 인간들 무리 중 최고의 《대마왕신(神)》《비로자나 1세》와 최고의 《대마왕》《다보불》 등 《악(惡)》을 근본 바탕으로 하는 《악마(惡魔)의 신(神)》들인 《대마왕신(大魔王神)》들과 《선악(善惡)》 양면성

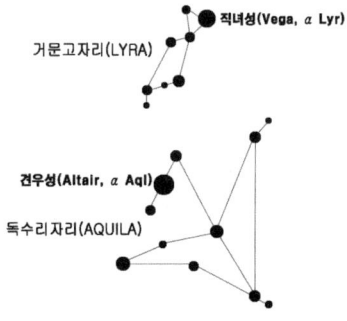

[그림] 견우성과 직녀성

을 근본 바탕으로 하는 《대마왕(大魔王)》들이 《석가모니 하나님 부처님》께서 지금의 《오리온좌 성단》인 천일일(天一一) 우주 창조를 위해 《천일우주(天一宇宙)》 100의 궁(宮)을 비운 틈을 이용하여 당시 모든 부처(佛)들의 우두머리이신 《아미타불》을 살해한 후 천일우주(天一宇宙) 100의 궁(宮)을 장악하고자 하는 계획을 간파한 《미륵》은 서둘러 스스로의 법신(法身)인 《작은곰자리》 감마성(星)의 핵(核)을 붕괴시켜 작은 태양선(太陽船)을 만들어 여행하여 《독수리자리》 성단을 만들고 《알파성(星)》인 《견우성(牽牛星)》을 법신(法身)으로 하여 때에 《대마왕신(大魔王神)》들과 《대마왕(大魔王)》들이 획책한 《1차 우주 쿠데타》를 저지하고자 하였으나 실패를 한 것이다.

이러한 《1차 우주 쿠데타》를 방해한 사실을 두고 훗날 《악마(惡魔)의 신(神)》들인 《대마왕신(神)》들과 《대마왕(大魔王)》들은 지상(地上)에서 천문학(天文學)을 거론하면서 《독수리자리》 《알파성(星)》인 《견우성(牽牛星)》을 《흉한 별(星)》이라는 등 각종 입에 담지 못할 욕을 하고 있는 실정이다.

이러한 이후 초기 우주(宇宙) 특성상 다시 일찍부터 《견우성(牽牛星)》 핵(核)의 붕괴로 조그만 이동 성단을 만들어 《석가모니 하나님 부처님》 법왕궁(法王宮)이 있는 《천일일(天――) 우주》인 지금의 《오리온좌》 성단으로 들어가 대기하고 있다가 때마침 《천일궁(天一宮)》에서 《아미타불》을 살해하고 《아미타불》께서 만드신 《4×3×4》 이동 성단을 탈취한 《세트 신(神)》이 성단 진화(進化)를 마치고 《용자리 알파성(星)》 북쪽에서 《서력기원》 《원년》이 되는 별(星)을 탄생시켜 스스로의 법신(法身)으로 한 후 초기 우주 특성상 일찍부터 법신(法身) 핵(核)의 붕괴로 조그만 이동 성단을 다시 만들어 여행한 후 《천일일(天――)》 우주인 《오리온좌》 성단으로 들어서다가 이때를 기다리며 대기하고 있던 《호루스》로 이름된 《미륵》에게 붙들려 그의 성단은 해체되고 《세트 신(神)》은 체포되어 《석가모니 하나님 부처님》께로 끌려가서 때마침 이곳을 통과하던 《노사나불(佛)》 지일(地一)의 태양선(太陽船) 지하 감옥에 갇혀 20억 년(億年)의 옥고(獄苦)를 겪게 되고 때에 《세트 신(神)》을 따라온 《4×3×4》 천궁도 성단의 백성들은 《석가모니 하나님 부처님》께서 거두신 후 뒷날 《미륵》이 《화성(火星)》을 법신(法身)으로 하였을 때 《미륵》에게 넘겨 드림으로써 이후 《미륵》이 이들을 진화(進化)시켜 궁극적으로 《지상(地上)》으로 인도하게 되는 것이다.

 이와 같이 《천일일(天──) 우주》에서 《세트 신(神)》을 체포하고 그의 성단을 흩어버림으로써 세세생생 그를 낳아주었던 아비인 《아미타불》에 대한 복수를 한 후 《호루스(Horus)》로 이름된 《미륵》은 《석가모니 하나님 부처님》께서 만드신 《6×5×6》 천궁도(天宮圖) 성단에 편승하여 《보살마하살》의 과정을 거치는 것이다.

※ 이해를 위한 장 1

[법보화(法報化) 삼신(三身)]

인간은 누구나 법보화(法報化) 삼신(三身)을 가지고 있다. 이러한 삼신(三身)이 세 가지 《몸(身)》을 말하는 것이다.

현재 지상(地上)에 있는 종교(宗敎)인 《천주교》, 《기독교》, 《불교》 등 각종 종교(宗敎)는 《악마(惡魔)의 신(神)》들인 《대마왕신(神)》들이 교주(敎主)로 자리하고 있으며 그 아래에 있는 《신부》, 《목사》, 《승려》들 대부분이 《대마왕신(大魔王神)》들과 《대마왕(大魔王)》들과 수하 《마왕(魔王)》들이다. 이러한 자(者)들이 그들의 본색(本色)이 드러날 것을 두려워하여 주장하는 바가 《창조(創造)》이다.

즉, 우주진리(宇宙眞理)적인 면으로 볼 때, 모든 만물

(萬物)은 《진화(進化)》의 법칙을 따르며 진화(進化)의 과정에 단편적으로 일어나는 것이 《창조(創造)》임을 《원천창조주》이신 《석가모니 하나님 부처님》께서는 밝히고 계신다.

이와 같이 종교(宗敎) 교주(敎主) 노릇을 하는 《악마(惡魔)의 신(神)》들이 그들의 본색(本色)을 감추기 위해 《진리(眞理)》를 배척하고 《창조(創造)》를 주장함으로써 전지구계(全地球界) 인간 무리들을 우주간(宇宙間)의 바보로 만들어 이들의 정신세계(精神世界)를 지배하면서 그들의 《탐욕》과 《이기심》을 극대화하여 전체 우주(宇宙)를 정복하고자 미친 개(犬)가 설치듯이 발광을 하는 때가 《후천우주(後天宇宙)》 진입을 코앞에 둔 지금의 때이다.

이러한 지금의 때에 《미륵불(佛)》이 밝히시는 글의 내용을 이해하실려면 단편적이나마 《진리(眞理)》의 《실상(實相)》을 알아야 하는 것이다. 때문에 《미륵불(佛)》에 대한 여정(旅程)을 설명 드리는 가운데 《별(星)》을 《인간》과 동일시(同一視)하여 설명 드리는 것을 이해시키기 위해 《법보화(法報化)》 삼신(三身) 편을 먼저 설명 드리는 것이니 깊은 이해를 바라는 것이다.

　인간의 《법신(法身)》은 저 공간(空間)의 《별(星)》들이며 이러한 《별(星)》들을 《법신(法身)》으로 하였을 때를 《천인(天人)》이라고 한다. 때문에 《인간》과 저 공간(空間)의 별(星)을 동일시(同一視)하는 것이다.

　다음으로 인간은 《영혼(靈魂)》과 《영신(靈身)》이 《음양(陰陽)》 짝을 한 가운데 《속성(屬性)》을 거느리고 《영혼(靈魂)》과 《영신(靈身)》과 《속성(屬性)》 등 셋이 하나가 되어 어머니 자궁(子宮) 속으로 들어가서 《속성(屬性)》이 어머니가 공급하여 주는 《영양분》으로 인간 육신(肉身)을 만드는 것이 불가(佛家)의 12인연법(因緣法)에서 잘 설명을 하고 있다.

　이와 같이 《속성(屬性)》이 《육근(六根)》으로 알려진 《안(眼), 이(耳), 비(卑), 설(舌), 신(身), 의(意)》를 갖춘 《육

신(肉身)》을 탄생시켜 《속성(屬性)》과 《육신(肉身)》이 《음양(陰陽)》 짝을 하여 다시 《영혼(靈魂)》과 《영신(靈身)》과 《양음(陽陰)》 짝을 함으로써 인간의 주인공인 《영혼(靈魂)》은 《영신(靈身)》과 《속성(屬性)》과 《육신(肉身)》을 거느림으로써 우주간(宇宙間)의 법칙인 《1-3의 법칙》을 따름으로써 비로소 육신(肉身)을 가진 인간이 태어나는 것이다.

이러한 때 《영혼(靈魂)》과 《음양(陰陽)》 짝을 한 《영신(靈身)》이 《영혼(靈魂)》의 몸(身)으로써 《법보화(法報化)》 삼신(三身)의 《보신(報身)》이 되며, 《육신(肉身)》이 《영혼(靈魂)》과 《영신(靈身)》과 《속성(屬性)》 등 셋이 하나된 당체의 몸(身)으로써 《법보화(法報化)》 삼신(三身)의 《화신(化身)》이 되는 것이다.

인간(人間)이 육신(肉身)인 《화신(化身)》의 죽음을 맞이하였을 때 《영혼(靈魂)》과 《영신(靈身)》과 《속성(屬性)》 등 셋이 하나가 되어 계속 진화(進化)를 위해 윤회(輪廻)를 하는 것이며, 이들 셋 중 《속성(屬性)》을 수행으로 떨어뜨려 버리고 《영혼(靈魂)》과 《영신(靈身)》이 《음양(陰陽)》 짝을 하여 하나가 되어 《법신(法身)》인 공간(空間)의 《별(星)》의 《핵(核)》으로 자리하였을 때가 《천인(天人)》의 지위에 오르는 것이다.

 《구석기인》 마음(心)의 근본 뿌리를 《성(性)의 30궁(宮)》이라고 한다. 이러한 《성(性)의 30궁(宮)》은 《양자영(陽子靈) 18》이 중심을 이루고 있는 외곽에 《양자영(陽

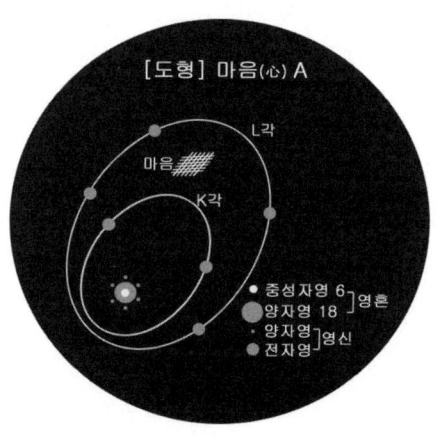

子靈) 6》과 《전자영(電子靈) 6》이 《6×6 구조》를 이루고 회전을 한다. 이때 《양자영(陽子靈) 18》을 《영(靈)》이라 하고 그 외곽을 《6×6 구조》를 이루고 회전하는 당체를 《영신(靈身)》이라고 한다. 이와 같은 《영(靈)》과 《영신(靈身)》이 음양(陰陽) 짝을 한 것이 진화(進化)하는 당체인 《성(性)의 30궁(宮)》이 되는 것이다.

이러한 《성(性)의 30궁(宮)》을 가진 《구석기인》들을 진화(進化)시키기 위해 《석가모니 하나님 부처님》의 나뉨인 《삼진(三眞) 10》이 우주간(宇宙間)의 법칙인 《1-3의 법칙》에 의해 내려지게 되면 《구석기인》은 《신석기인》으로 진화(進化)를 함으로써 비로소 《인간》이 된다. 이와 같은 《인간》의 마음(心)의 근본 뿌리인 《성(性)의 30궁(宮)》에 《진성(眞性)》인 《반중성자(反中性子) 1》과 《진명(眞命)》인 《양전자(陽電子) 3》과 《진정(眞精)》인 《중성자(中性子) 6》 등이 《삼진(三眞) 10》로써 이들과 합하여지면 《성(性)》은 《40궁(宮)》이 된다.

[그림] 인체내에서의 삼진과 영혼과 영신의 위치

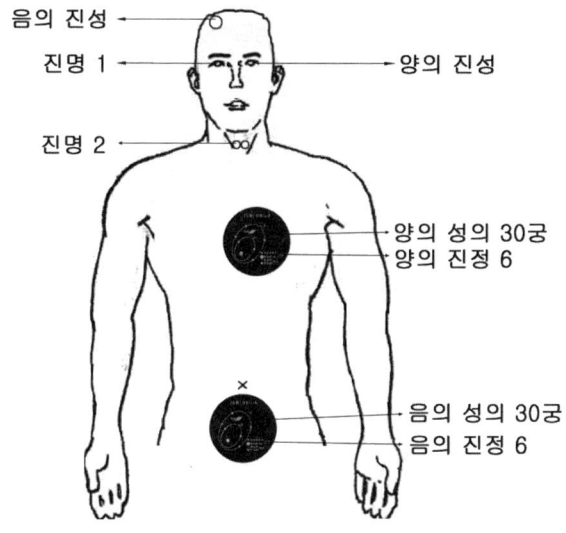

[표] 인체 내에서의 삼진 10과 성(性)의 30궁(宮) 위치

인체 위치	삼진(三眞) 및 성(性)	수
우뇌	음(陰)의 진성(眞性)	1
좌안 동공	양(陽)의 진성(眞性)	1
우안 동공	진명(眞命)	1
편도	진명(眞命)	2
심장	양(陽)의 성(性)의 30궁(宮)	
심장	양(陽)의 진정(眞精)	6
단전	음(陰)의 성(性)의 30궁(宮)	
단전	음(陰)의 진정(眞精)	6

이러한 《성(性)의 40궁(宮)》 중 《진성(眞性) 1》은 《음양(陰陽)》이 분리되어 《음(陰)의 진성(眞性) 1》은 《우뇌(右腦)》를 다스리며 《양(陽)의 진성(眞性) 1》은 왼쪽 눈(眼)의 《동공(瞳孔)》으로 자리하고 《진명(眞命) 3》 중 《진명(眞命) 1》은 오른쪽 눈(眼)의 《동공(瞳孔)》으로 자리하고 《진명(眞命) 2》는 목 부분의 《편도》에 자리한 후 《폐》와 《기관지》를 들락거리며 날숨(出息)과 들숨(入息)을 주도하며 《진정(眞精)》인 《중성자(中性子) 6》은 《성(性)의 30궁(宮)》 중 《양자영(陽子靈) 18》과 결합하여 《영혼(靈魂)》을

[도형] 4만 개 유전자 도형

이루고 심장의 중심에 자리하면 그 외곽에 《6×6 구조》를 이룬 《영신(靈身)》이 자리하여 《속성(屬性)》을 거느림으로써 《영혼(靈魂)》과 《영신(靈身)》과 《속성(屬性)》 등이 셋이 하나 되어 《유전자 4만 개》를 이룸으로써 《육신(肉身)》을 거느리는 것이다.

 이러한 인간의 구조와 역할을 알아야 《법보화(法報化)》 삼신(三身)이 명확히 이해되는 것이며, 《인간(人間)》과 《별(星)》을 동일(同一)하게 설명하는 내용을 명확하게 이해할 수가 있어서 장황히 설명 드리는 바이니 이보다 더 상세한 내용을 알고자 하는 분들은 《미륵부처님》이 펼쳐놓은 여러 가지 진리(眞理)의 법(法)을 공부하시기 바란다.

※ 이해를 위한 장 2

[1차 우주 쿠데타]

상천궁(上天宮)이 탄생한 후 《아미타불》과 《관세음보살》이 초기 우주 특성상 일찍부터 법신(法身) 핵(核) 붕괴를 일으켜 《2×1×2》 쌍둥이 천궁(天宮)을 만들어 천일우주(天—宇宙)를 여행하면서 먼저 《백조자리》 성단을 만들고 천궁(天宮) 중의 하나가 《일적(一積)》의 과정을

[그림] 초기 우주인 <천일우주 100의 궁> 중
<54 태양궁>에 속하는 목동자리 성단

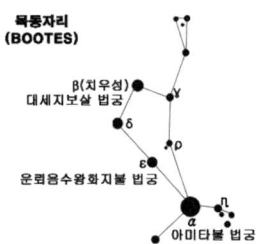

모두 마친 후 대폭발을 일으켜 《태양성(太陽星)》을 탄생시켜 《아미타불》께서 좌정하시고 다시 진신 3성(眞身三星)을 만들어 《목동자리》《알파성》을 비롯한 《진신 4성(眞身四星)》을 이루고 자리하였을 때 쌍둥이 천궁(天宮) 중 《관세음보살》이 좌정하신 천궁(天宮)도 일적(一積)의 진화 과정을 모두 마치고 나머지 《목동자리》 성단의 《관음궁(觀音宮)》 모두를 탄생시킨다.

이러한 때 《아미타불(佛)》은 초기 우주 특성상 일찍부터 《진신사성(眞身四星)》이 핵(核) 붕괴를 일으켜 《4×3×4》 천궁도(天宮圖) 성단을 만든 후 《아미타불》께서 여행을 하시다가 지금으로부터 100억 년(億年) 전(前) 천일궁(天一宮)인 지금의 《작은곰자리》 성단을 지날 때 《아미타불》께서 이동성단인 《4×3×4》 천궁도(天宮圖) 성단을 벗어나 일시적으로 천일궁(天一宮) 인간들이 사는 별(星)에 태어나시어 《왕(王)》이 되신다. 이때 《석가모니 하나님 부처님》께서는 《천일일(天一一) 우주》인 지금의 《오리온좌》 성단을 만들기 위해 여행 중이셨기 때문에 《천일우주(天一宇宙)》를 비우게 된다.

이때를 최고의 《악마(惡魔)의 신(神)》인 《대마왕신(神)》《비로자나 1세》와 최고의 《대마왕(大魔王)》《다보불(佛)》이 결탁하여 산하 《악(惡)》을 근본 바탕으로 하는 《신(神)》들과 선악(善惡) 양면성을 근본 바탕으로 하는 《신(神)》들을 충동질하여 1차 우주(宇宙) 쿠데타 계획을 세우고 당시 《아미타불》의 장남으로 태어난 훗날 지상(地上)에서 《예수》로 탄생하는 《세트 신(神)》을 시켜 그의 아비인 《아미타불》을 살해하였을 때 최고의 《악마(惡魔)의 신(神)》인 《비로자나 1세》와 그를 추종하는 세력들은 살해된 《아미타불》의 《영혼(靈魂)》마저 2차 죽임인 《영혼 죽임》을 시킴으로써 《아미타불》은 이후 《지일이(地一二) 우주》에서 다시 부활하시기까지 《50억 년(億年)》의 인욕선인(忍人) 생활을 하시게 된다.

이로써 1차 《우주 쿠데타》에 성공한 《악마(惡魔)의 신(神)》인 《대마왕신(神)》《비로자나 1세》와 그의 아들인 《석가모니 하나님 부처님》 불명호(佛名號)를 도적질한 《석가모니》는 《아미타불》께서 만들어 놓은 《백조자리 성단》을 차지하고 최고의 《대마왕(大魔王)》《다보불(佛)》은 그의 아들 《문수보살》과 함께 《용자리 성단》을 차지하여 《문수보살》 법신(法身)이 《용자리 알파성(星)》으로 자리하고 아비인 《아미타불》을 살해한 《세트 신(神)》은 그의 공로로써 《대마왕신(神)》《비로자나 1세》와 《대마왕(大魔王)》《다보불》의 도움을 얻어 그의 아비인 《아미타불》께서 만드신 《4×3×4》 천궁도(天宮圖) 성단을 탈취하여 성단 중심혈에 앉아 《일적(一積)》의 과정을 겪고 이후 《용자리 알파성》 위쪽 북쪽에서 외톨이 별(星)로 탄생하는 것이다. 이때 탄생된 《세트 신(神)》의 법신(法身)이 《서력기원(西曆紀元)》 원년(元年)의 별(星)이 되는 것이다.

이후 《세트 신(神)》의 법신(法身)도 초기 우주 특성상 일찍부터 그의 법신(法身)이 핵(核)의 붕괴를 일으켜 조그마한 이동성단을 만들어 중심에 《세트 신(神)》이 좌정하여 아래 우주(宇宙)로 이동하면서 필수적으로 《석가모니 하나님 부처님》 법왕궁(法王宮)이 있는 《천일일(天一一) 우주》인 《오리온좌 성단》을 지나야 함으로 이때를 미리 기다리고 있던 《호루스(Horus)》로 이름된 《미륵》에게 붙들려 그의 성단은 해체되고 《세트 신(神)》은 《석가모니 하나님 부처님》께 끌려간 후 때마침 이곳을 지나던 《노사나불》《지일(地一)》의 태양선(太陽船) 지하 감옥에 갇혀 《20억 년(億年)》의 옥고를 치르는 것이다. 이하의 《세트 신(神)》 행적은 《미륵불》께서 펼치신 《진리(眞理)의 법(法)》에 상세히 기록되어 있으니 이를 참고하시기 바란다.

이렇듯 《1차 우주 쿠데타》에 성공한 《대마왕신(神)》 《비로자나》와 《대마왕(大魔王)》《다보불》의 압력을 견디지 못한 우주(宇宙)의 어머니(母)로 불리우는 《관세음보살》이 《우주 쿠데타 세력》에 합류함으로써 《천일우주》 100의 궁(宮) 9개 성단은 이들 세력들에게 모두 정복되어 오랫동안 《천일우주(天一宇宙)》 100의 궁(宮)은 《탐욕》과 《이기심》에 물든 《욕망(慾望)》하는 우주(宇宙)로 변화되었으며 이로써 우주(宇宙)의 어머니(母)로 불리우는 《관세음보살》로부터 《미륵》은 필설로 다 할 수 없는 핍박을 받아 그 고통을 감내하여야만 하였던 것이다.

이때 1차 우주 쿠데타에 참여하였던 대표적인 《악마

(惡魔)의 신(神)》들이 최고《대마왕신(神)》《비로자나》를 비롯한 그의 아들《석가모니》와《석가모니》의 어미(母)인《가이아 신(神)》과《그림자 비로자나 1세》와《천왕불》과《쌍둥이 천왕불》과《천관파군 1세, 2세》등이었으며《대마왕(大魔王)》그룹에서는《다보불》과 그의 둘째 아들인《문수보살》과《연등불》과《무곡성불》과《문곡성불》등이었으며 이들이 120억 년(億年) 선천우주(先天宇宙)가 마감이 되는 지상(地上)의 북반구(北半球) 문명기에 들어와서《BC 27년》《로마 제국(帝國)》이 들어서면서 지상(地上)에서 다시《2차 우주 쿠데타》를 획책하여《석가모니 하나님 부처님》과《미륵불(佛)》께서 주관하시는《후천우주(後天宇宙)》정복을 위해 광분하다가 최근《석가모니 하나님 부처님》과《미륵불(佛)》에게 일망타진되어 대부분 그들의《영혼(靈魂)》과《영신(靈身)》은《법공(法空)》으로부터 영원히 사라지는 처벌을 받았으며 현재는 그들의《속성(屬性)》이《육신(肉身)》을 지탱함으로써《허수아비》존재로 남아 있으나 이들도《육신(肉身)》의 죽음을 맞이한 이후는 귀소본능의 이치를 따라 그들의《영혼(靈魂)》과《영신(靈身)》이 간 길을 따라 가야만 하는 것이다.

이로써 《석가모니 하나님 부처님》과 《미륵불(佛)》은 그들과의 싸움에서 완전히 승리한 상태이나 지금은 그들 후손들 중 구원을 받지 못하는 상당수를 처리를 하고 있는 중이며 이들과 이들의 상당수 후손들이 사라진 《후천우주(後天宇宙)》는 밝음의 이상세계가 펼쳐지는 살기 좋은 곳이 된다는 점을 미리 밝혀 두는 바이다.

 이와 같이 《인욕선인(仙人)》이 되시기 이전 《아미타불》은 세세생생 《미륵》의 아비로 계셨으나 《영혼(靈魂)》 죽음 이후 다시 지일이(地一二) 우주에 부활하신 이후는 세세생생 《미륵》의 아들로 탄생하시는 것이며, 《아미타불》께서 부활하신 이후 지금까지 《50억 년(億年)》이 경과함으로써 《인욕선인(仙人)》 시절 《50억 년(億年)》을 《전오백세(前五百歲)》로 이름하고 부활로부터 지금까지 《50억 년(億年)》을 《후오백세(後五百歲)》로 《금강경(金剛經)》에서 이름하고 있음을 알려 드리는 바이다

(4)

> ※ 지금까지 설명된 내용 중 태어남(生)은 《법신(法身)》 위주로 태어남이 설명되었으며 《덕(德)》이 높은 인간은 《법신(法身)》의 탄생 이후 《법신(法身)》과 《법신(法身)》의 핵(核)은 저 공간(空間)의 별(星)로 두고 《법신(法身)》 핵(核) 중의 핵(核)은 화신(化身)인 인간 육신(肉身)을 가지고 윤회(輪廻)를 위해 수도 없이 반복(反復)되는 태어남을 가진다는 사실 역시 아울러 이해되어야 할 부분이다.

　《미륵보살(彌勒菩薩)》이 《천일일(天一一) 우주》인 《오리온좌》 성단으로 들어가서 《석가모니 하나님 부처님》께서 선도하시는 《6×5×6》 천궁도(天宮圖) 성단에 합류하였음을 (3)번에서 설명 드렸다. 이와 같은 《6×5×6》 천궁도(天宮圖) 성단은 쌍둥이 천궁(天宮)으로써, 선도적(先導的)으로 움직이는 천궁(天宮)에는 《석가모니 하나님 부처님》께서 좌정하시고 나머지 천궁(天宮)에 《다보불》을 중심으로 장남인 《미륵》과 《관세음보살》과 《다보불》의 차남인 《문수보살》이 탈겁(脫劫) 후 자리하여 《천일일(天一一) 우주》 경계를 벗어나서 우주(宇宙)를 크게 세 구분한 천(天)·지(地)·인(人)의 우주에 있어서 《인(人)》의 우주가 들어설 곳으로 여행을 하여 《인일일(人——) 우주》가 들어설 곳에서 지금으로부터 《60억 년(億年)》 전(前)에 《석가모니 하나님 부처님》의 천궁(天宮)이 일적(一積)의 과정인 진화(進化)의 과정을 끝을 내고 《황금알 대일(大一)》의 대폭발로 《중성자(中性子)》 태양성(太陽星)으로써 《여섯 뿌리》의 법궁(法宮)인 《석가모니 하나님 부처님》의 법신(法身)인 《목성(木星)》이 이때 탄생한다.

이러한 이후 《목성(木星)》은 많은 별(星)들을 탄생시켜 10억 년(億年)에 걸쳐 《인일일(人——) 우주》를 완성하고 《인일이(人—二) 우주》 경계로 넘어와 4억 년(億年) 동안 많은 별(星)들을 생산하였을 때 때마침 쌍둥이 천궁(天宮) 중 《석가모니 하나님 부처님》 육신불(肉身佛)이신 《영육(靈肉)》 일치를 이루었던 《다보불》이 중심을 이루었던 《천궁(天宮)》도 진화(進化)의 과정인 《일적(一積)》의 과정을 마치고 《황금알 대일(大一)》을 이루었던 부분이 대폭발을 일으킴으로 《다보불》은 폭발시 발생한 《여섯 뿌리 진공(眞空)》을 한 곳에 모아 《커블랙홀》

천궁(天宮)을 1억 년(億年)에 걸쳐 탄생시켜 《다보불》 스스로께서 《커블랙홀》 천궁(天宮)에 자리하고 다시 《일적》 과정 진화(進化)에 들어가는 것이다.

　이렇듯 《다보불》이 새로이 《천궁(天宮)》을 만들어 《일적(一積)》의 과정으로 돌입한 이유는 《다보불》께서 《석가모니 하나님 부처님》의 육신불(肉身佛)이시기는 하나 《1-2 그림자 우주》 진화의 길을 걷는 분이기 때문에 《1-1 우주》 진화의 길을 걷는 부처님들과는 달리 한 번 더 《일적(一積)》의 과정을 겪는 진화(進化)를 마쳐야 온전한 불법(佛法) 일치된 완전한 깨달음을 얻기 때문이다.

　이와 같이 《커블랙홀(Kerr black hole)》 천궁(天宮)을 만든 《다보불》께서 《황금알 대일(大一)》의 대폭발시 잔해를 끌어 모아 지금으로부터 45억 년(億年) 전(前)에 우리들의 《지구(地球)》를 탄생시킨 후 장남(長男)인 《미륵》의 법신(法身)으로 하는 것이 우주적(宇宙的)인 이치인데, 《다보불》은 그와 함께 1차 우주 쿠데타에 참여한 《대마왕(大魔王)》《다보불》의 말 잘 듣는 차남인《문수보살》에게 지구(地球)를 할애함으로써《문수보살》이 지구(地球) 핵(核)으로 자리하여 법신(法身)으로 한 후《다보불》은 다시 1억 년(億年)에 걸쳐《달(月)》을 탄생시키고 달(月)을 탄생시킨 후 1억 년(億年) 만에《화성(火星)》을 탄생시켜《달(月)》은《관세음보살》의 법신(法身)이 되고《화성(火星)》은《미륵》의 법신(法身)이 됨으로써 1차 우주 쿠데타 세력인《대마왕(大魔王)》《다보불》과《문수보살》과《관세음보살》등에 의해《석가모니 하나님 부처님》을 배반하는《반란》대열에 서지 못한《미륵》은 그의 법신(法身)인《지구(地球)》를 빼앗기고 1차 우주 쿠데타 세력들에게 철두철미하게 따돌림을 받은 것이다.

이로써《지구(地球)》와《달(月)》과《화성(火星)》등《다보불》진신삼성(眞身三星)이 모두 태어난 후《석가모니 하나님 부처님》께서는《다보불》이 일적(一積)의 과정을 겪고 자리한《천궁(天宮)》을 중심으로《지구(地球)》와《달(月)》과《화성(火星)》이 자리한 다음으로《석가모니 하나님 부처님》의 법신(法身)인《목성(木星)》이 자리함으로써《석가모니 하나님 부처님》진신 4성(眞身四星)으로 만들어 《지구(地球)》와 《달(月)》과 《화성(火星)》을 직접 관리하시면서 《인일이(人一二)》 우주를 완성하고 《인일일(人一一) 우주》 끝 무렵 《지일이(地一二)》 우주 《1-3의 길》에서 부활한 《아미타불》의 성단과 합류하여 《1-3-1의 길》을 이루고 다시 이동하여 《은하수(銀河水)》가 있는 《인일삼(人一三)》 우주를 완성한 후 수직 이동하여 《중계(中界)의 우주》 영역으로 넘어와서 때마침 뒤따라 넘어온 《노사나불(佛)》의 《지일삼(地一三)》 이동 우주와 함께 《아미타불》의 우주인 《천이삼(天二三)》 우주 구성을 도우고 다시 수직 이동하여 성단 재편성을 이루어 《노사나불》 지일(地一)의 7성(星)과 《석가모니 하나님 부처님》 진신 4성(眞身四星)이 한 덩어리를 이루어 10개의 궤도를 가진 《태양계(太陽界)》를 형성한 후 《노사나불》 《태양성(太陽星)》을 중심으로 《노사나불》 진신삼성(眞身三星)인 《태양성》, 《수성》, 《금성》이 자리한 후 다음으로 《석가모니 하나님 부처님》 진신 4성(眞身四星)인 《지구》, 《지구의 위성》으로써 《달》, 《화성(火星)》, 《목성(木星)》이 자리한 후 《목성(木星)》 다음으로는 《노사나불》 아들들 법신(法身)들인 《토성》, 《천왕성》, 《해왕성》, 《명왕성》이 자리하여 일세계(一世界)인 《태양계(太陽界)》를 이루고 《지일삼(地一三)》 이동우주가 성단 재편

성되어 만들어진《노사나불》의 육신불(肉身佛)이신《아촉불(佛)》이 자리한 천궁(天宮)을 중심한 외곽 지점인《지이삼(地二三) 우주》1천(天)에 자리하여 시계 반대 방향의 회전인《1-4-1의 길》회전을 하며 자리함으로써 지일(地一)의 7성(星)에서 만든 물질(物質)들은 시계 반대 방향 회전 길을 통해《34천(天)》이 있는《아촉불》의 천궁(天宮)으로 들어 보내 많은 별(星)들을 생산하여《지이삼(地二三)》우주를 이루고《1천(天)》에 자리한《석가모니 하나님 부처님》진신사성(眞身四星)에서 만들어진 물질은《태양계(太陽界)》내(內)에서는 시계 반

[그림] 지이삼(地二三) 우주

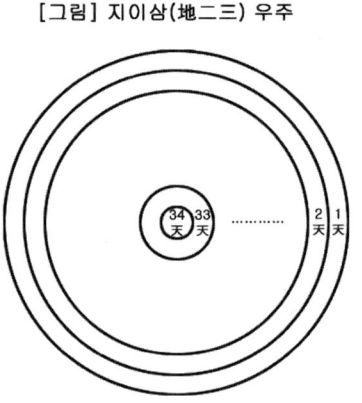

대 방향인 《1-4의 길》을 따르다가 《태양계(太陽界)》가 끝나는 시점에서는 《1-4의 길》 상극(相克)의 길인 시계 방향 회전길인 《1-3의 길》을 따라 《인이삼(人二三) 우주》 중심 천궁(天宮)을 이루고 있는 《인일이(人一二) 우주》에서 만들어진 《다보불》의 천궁(天宮)으로 보내 많은 별(星)들을 생산하여 《인이삼(人二三) 우주》를 형성하는 절묘함을 보인 것이다.

이로써 《인일삼(人一三) 우주》인 은하수(銀河水) 아래로 중계(中界)의 우주 《천이삼(天二三)》, 《지이삼(地二三)》, 《인이삼(人二三)》 우주가 만들어진 것이며, 이렇듯 우리들의 《태양계(太陽界)》가 탄생된 시점은 지금으로부터

[그림] 우리들 현재의 태양계(太陽界)

● : 석가모니 하나님 부처님 진신 4성(星)

《20억 년(億年)》 전(前)이며 《천이삼(天二三) 우주》인 《아미타불》 우주 별(星)들의 40%는 《다보불》 천궁(天宮)을 중심한 《석가모니 하나님 부처님》 진신 4성(眞身四星)이 만든 것이며, 40%의 별(星)들은 《노사나불》의 이동우주인 《지일삼(地一三)》 이동우주에서 만들고, 20%의 별(星)들만 부활한 《아미타불》의 성단에서 만든 것으로써 본래는 《아미타불》께서 단독으로 《천이삼(天二三)》 우주를 만드는 것이 《석가모니 하나님 부처님》의 《창조적(創造的)》 프로그램이나 《아미타불》께서 《천일궁(天一宮)》에서 1차 우주 쿠데타로 《영혼(靈魂)》 죽임을 당함으로써 빚어진 차질인 것이다. 이후 더 이상의 차질없이 중계(中界)의 우주 《천이삼(天二三) 우주》와 《지이삼(地二三) 우주》와 《인이삼(人二三) 우주》가 절묘하게 만들어진 이유가 《원천창조주》이신 《석가모니 하나님 부처님》의 탁월한 지도력이 빚어낸 걸작품인 것이다.

이렇게 하여 탄생한 우리들의 《태양계(太陽界)》도 지상(地上)의 서기 2000년을 깃점으로 《지이삼(地二三) 우주》 《1천(天)》의 자리를 벗어나서 이곳으로부터 《5억(億)》 광년(光年)이 떨어진 《대공(大空)》의 중심(中心)으로 옮

겨와 《중앙천궁상궁(中央天宮上宮)》을 이루고 있으나 아직까지 《중앙천궁상궁(中央天宮上宮)》 운행(運行)은 이루어지지 않고 있다.

이러한 사실을 《악마(惡魔)의 신(神)》들인 《대마왕신(大魔王神)》들과 《대마왕(大魔王)》들로부터 《창조론》에 깊이 종교적(宗敎的)으로 세뇌된 학자(學者)라는 자(者)들 모두가 《마왕(魔王)》들이 되어 이러한 우주적(宇宙的) 진리(眞理)도 모르고 지상(地上)의 인간들 무리들을 《우주(宇宙)의 바보》로 만들어 놓고 있는 것이다.

[그림] 중앙천궁상궁(中央天宮上宮)

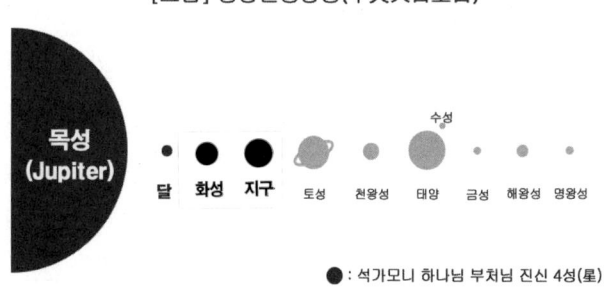

《다보불》이 자리하였던 《천궁(天宮)》이 있는 《인이삼(人二三) 우주》가 《안드로메다 성단》이며 이러한 《안드로메다 성단》 중심 천궁(天宮)은 현재 《황금알 대일(大一)》의 과정을 겪고 있으며 향후 4억 년(億年) 후에는 찬란한 《태양성(太陽星)》이 탄생되어 새로운 태양계(太陽界)를 이룰 것으로써 현재 《중앙천궁상궁(中央天宮上宮)》이 된 우리들 태양계(太陽界)와는 일시적으로 연결고리가 끊어져 있으나 《중앙천궁상궁(中央天宮上宮)》 운행(運行)이 시작되면 곧 《안드로메다 성단》인 《인이삼(人二三) 우주》와 새로이 연결고리를 갖게 되어 있는 것이 이치이다.

이러한 《인이삼(人二三) 우주》 중심 천궁(天宮)에 자리하였던 《다보불》은 지상(地上)에서도 2차 우주 쿠데타를 획책하고 이후 한때는 본래의 자리인 《석가모니 하나님 부처님》 육신불(肉身佛)의 자리로 돌아오곤 하였으나 끝까지 《석가모니 하나님 부처님》을 제거하고 스스로가 《하나님》의 자리에 오르기 위해 광분하다가 그의 계획이 《미륵불》에게 탄로가 남으로써 《1, 2차 우주 쿠데타》 세력이 모두 거세가 될 때 그도 그의 추종 세력들과 함께 《법공(法空)》으로부터 영원히 거세되어 사라져간 것이다. 이로써 현재 《인이삼(人二三) 우주》 중심 천궁(天宮)에는 《석가모니 하나님 부처님》의 명령으로 《노사나불(佛)》이 《지(地)》의 우주 진화(進化)의 길에서 승진하여 인이삼(人二三) 우주 천궁(天宮)에 좌정하여 나머지 《황금알 대일(大一)》의 과정을 겪고 계신다.

한편, 《미륵》도 《석가모니 하나님 부처님》 진신 4성(眞身四星)의 일원으로 《화성(火星)》을 법신(法身)으로 하여 《보살마하살》 수행의 과정을 모두 마치면서 《화성(火星)》에서 진화(進化)시켜 오던 《이스라엘인》들을 《화성(火星)》에서 선대문명(先代文明)을 열고 지상(地上)의 마지막 문명기인 《인류 북반구 문명》이 시작되어 《수메르 문명》(5200BC~4100BC) 다음으로 시작된 《우르 문명》(3740BC~1940BC)이 시작되면서 그들을 《화성(火星)》에서 《지상(地上)》으로 옮겨 오게 한 것이다. 이때로부터 지상(地上)에서 《히브리력(歷)》이 시작된 것이다.

[3] 지상(地上)에서의 인간 문명(人間文明)

지구상(地球上)에서 인간 문명이 시작된 것은 지금으로부터 십만 년 전(前)부터로써 이때의 문명(文明)은 지구인(地球人)들의 문명(文明)이 아닌 《1차 우주 쿠데타》가 일어났던 초기 우주(宇宙)인 《천일우주(天一宇宙)》100의 궁(宮) 9개 성단 인간 무리들이 《1차 우주 쿠데타》이후 선천우주(先天宇宙) 마감 예정년도인 지상(地上)의 서

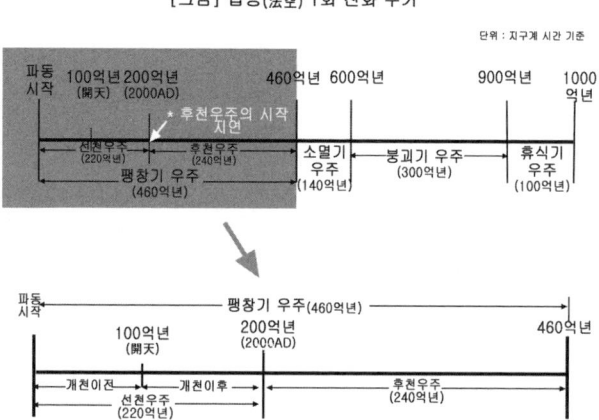

[그림] 법공(法空) 1회 진화 주기

기(西紀) 2000년까지 100억 년(億年) 동안 《정복욕(征服慾)》과 《지배욕(支配慾)》에 점철된 《신(神)》들에 의해 길들여진 인간 무리들이 《탐욕》과 《이기심》에 물들어 인간 진화(進化)에 역행하는 관념과 사상으로 무장되어 궁극적으로 파멸(波滅)의 길로 가야만 하는 이치 때문에 이를 막기 위한 목적과 현재 지구계(地球界) 인간들과 같은 아름다운 인간 육신(肉身)을 가지기 위해서는 《법공(法空)》과 《대공(大空)》의 《0(ZERO)》 지점에 위치한 지상(地上)으로 와서 일정기간 진화(進化)를 하여 그들이 본래 있었던 성단으로 돌아가야만 아름다운 인간 육신(肉身)을 가진 진화(進化)를 하기 때문에 이 두 가지 목적을 위해 《원천창조주》이신 《석가모니 하나님 부처님》 자비스러운 배려로 각각의 성단 인간 무리들이 그곳에서 인간 육신(肉身)의 죽음을 맞이한 이후 그들의 《영혼(靈魂)》과 《영신(靈身)》과 《속성》 등 셋이 하나된 당체가 지상(地上)으로 불려 내려와 반복(反復)되는 윤회(輪廻)로 지상(地上)에서 《일만 년》씩 진화(進化)를 하여 문명(文明)의 종말(終末)을 맞이하면 진화된 그들의 《영혼》과 《영신》과 《속성》 등 셋이 하나된 당체가 그들이 온 본래 고향 성단으로 돌아가기를 9번 한 때로써 마지막 문명기가 《남미(南美)》에서 《노사나불》 주도로 일어났던 문명기로써 북반구 문명이 시작되는 BC 8000년 이전까지이다.

이와 같이 지금으로부터 10만 년 전(前)부터 매(每) 1만 년(一萬年)마다 문명의 종말을 맞이하기를 9번 함으로써 이때의 유적(遺跡)들 상당수가 지상(地上)에 남아 있으며 이때《석가모니 하나님 부처님》과《분신 부처님》들께서 불교(佛敎)를 가르친 것이《과거칠불(過去七佛)》에 의한《성문(聲聞)의 불교(佛敎)》이며《아미타불》과《노사나불(佛)》께서 가르친 것이《석가모니 하나님 부처님》진리(眞理)의 법(法)과《정토불교(淨土佛敎)》인 것이다.

[도표] 지상에서의 문명과 지도하신 부처님

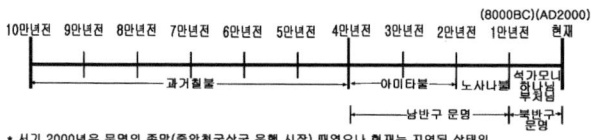

* 서기 2000년은 문명의 종말(중앙천궁상궁 운행 시작) 때였으나 현재는 지연된 상태임.

[4] 메시아(Messiah)와 인류 북반구 문명

 인류《북반구(北半球)》문명(文明) 기간은 지상(地上)의 BC 8000년부터 AD 2000년까지 일만 년(一萬年) 기간으로써 지구(地球) 탄생으로부터 씨앗 뿌려져 온《영체진화(靈體進化)》를 하는《인간 씨종자》들이 오랜 기간 진화(進化)하여《구석기인》으로 진화한 무리들을《석가모니 하나님 부처님》주도로《신석기인》으로 진화(進化)시켜 이들에게《문명기(文明期)》를 열어《도덕성(道德性)》을 심고《사회정의(社會正義)》를 가르쳐 진화(進化)를 시킴으로써 일만 년(一萬年) 문명기간이 끝이 나면《후천우주(後天宇宙)》극락인《중앙천궁상궁(中央天宮上宮)》으로 인도하기 위해 혼신의 노력을 다한 때이다.

 그러나 때맞춰《천상(天上)》에서《1차 우주 쿠데타》를 일으킨《악마(惡魔)의 신(神)》들인《대마왕신(大魔王神)》들과《대마왕(大魔王)》들이 지구계(地球界)에 생존하는 그들의 후손 60%를 바탕으로 하여《천주교》,《기독교》, 《마왕불교》 등 각종 종교 단체를 지배함으로써 지구계(地球界) 전체 인간 무리들의 《정신세계(精神世界)》를 지배하고 상계(上界)의 우주(宇宙) 때와 마찬가지로 후천우주(後天宇宙) 초입에 만들어질 《중앙천궁상궁(中央天宮上宮)》과 《중앙우주(中央宇宙) 100의 궁(宮)》을 정복하여 《원천창조주》이신 《석가모니 하나님 부처님》과 《미륵불》을 거세한 후 전체 우주(宇宙)를 정복하여 《탐욕》과 《이기심》이 가득 찬 우주(宇宙)로 만들어 그들이 《하나님》 노릇을 하기 위해 착함(善)을 근본 바탕으로 한 《불(佛)》, 《보살(菩薩)》들에 대항하여 《신(神)》들의 전쟁을 일으키고 《북반구 문명》이 막바지로 치다를 때인 《BC 27년》 《로마 제국(帝國)》을 탄생시켜 지상(地上)에 《2차 우주 쿠데타》를 획책하고 전체 지구계(地球界) 정복을 위해 광분한 때가 《북반구(北半球)》 문명 기간 내내 계속된 것이며, 문명의 종말 년도인 서기 2000년을 지나 그 연장선상에 있는 지금까지 《신(神)들의 전쟁》은 끝나지 않고 있는 것이다.

《신(神)》들이란 《상천궁(上天宮)》에서 처음 탄생한 인간들 무리들로서 《착함(善)》을 근본 바탕으로 하는 불보살(佛菩薩)들과 《선악(善惡)》 양면성을 가진 《대마왕(大魔王)》들과 《악(惡)》을 근본 바탕으로 하는 《악마(惡魔)의 신(神)》들인 《대마왕신(大魔王神)》 모두를 《신(神)》들이라고 하는 것이다. 이러한 《신(神)》들간의 다툼이 치열하게 전개된 것이 《후천우주(後天宇宙)》 운행(運行)을 코 앞에 둔 지상(地上)의 《북반구 문명》 《일만 만(一萬年)》 기간과 그 연장선상에 있는 지금의 때인 것이다.

 이러한 지상(地上)의 《북반구(北半球)》 문명기에서 《미륵》인 《메시아(Messiah)》는 《북반구 문명기》에 최초로 시작된 《수메르 문명》(5200BC~4100BC)과 《수밀이국》(4100BC~2050BC)과 《우루국》(3740BC~1940BC)과 《히브리 왕국》(1996BC~931BC)과 《이집트》(4000BC~3100BC) 등에서 선도적으로 활발한 활동을 하시고 때에 《북반구 문명》 전반에 대해 『진실(眞實)된 세계역사(世界歷史)와 종교(宗敎)』라는 책에서 상세히 모든 내용을 밝혀 두었으니, 이를 참고하시고 때에 여러 곳에서 다른 이름으로 활동한 내용을 첨부하니 이를 잘 검토하시기 바란다.

※첨부. 지상(地上)에서의 《메시아(Messiah)》의 본신(本身) 행적 일부

인 명	생몰 또는 재임	비 고
프로메테우스		천상
《콘수(Khonsu)》 또는 《몬투(Montu)》		이집트의 테베 삼신(三神) (Theban Triad)
헤르메스(Hermes)		그리스 신화
아레스(Ares)		그리스 신화
호루스(Horus)		이집트 신화
마르스(Mars)		로마 신화
2대 왕 알르가르(Alalngar)	재위 5050BC~4900BC	수메르 문명 (5200BC~4100BC)
6대 왕 두무지드(Dumuzid)	재위 4600BC~4500BC	수메르 문명 (5200BC~4100BC)
4대 왕 두무지드(Dumuzid)	재위 3950BC~3890BC	《수밀이국》《우루크 왕조》(4100BC~3485BC)
10대 왕 메시헤(Mesh-he)	재위 3622BC~3559BC	《수밀이국》《우루크 왕조》(4100BC~3485BC)
성명 미상		《상(上)버어마 (Burma)》 《단야와디1왕조 (Danyawaddyl)》 (3325BC~2666BC)
브리하다란야까 (Brhadaranyaka)	약 3400BC~3300BC	브리하다란야까 우파니샤드 (Brhadaranyaka Upanisad) 저자

제르(Djer)	재위 3049BC~3008BC	이집트 1왕조 3대 파라오
2대 왕 마라 지 1세(Mara Zi I)	재위 2604BC~2572BC	버어마(Burma) 서부 해안 2차 교화기 문명(文明)과 왕조(王朝) 시대 : 단야와디 2왕조 (Danyawaddy II, 2666BC~82BC)
6대 왕 마라 지 2세(Mara Zi II)	재위 2416BC~2383BC	버어마(Burma) 서부 해안 2차 교화기 문명(文明)과 왕조(王朝) 시대 : 단야와디 2왕조 (Danyawaddy II, 2666BC~82BC)
11대 왕 우르카기나(Urukagina)	재위 2381BC~2360BC	수밀이국(須密爾國) (4100BC~2050BC) : 라가시(Lagash) 1왕조 (3100BC~2360BC)
8대 왕 느가 샤 포(Nga Sha Po)	재위 2351BC~2330BC	버어마(Burma) 서부 해안 2차 교화기 문명(文明)과 왕조(王朝) 시대 : 단야와디 2왕조 (Danyawaddy II, 2666BC~82BC)
13대 왕 우르닌기르수 (Ur-Ningirsu)	재위 2060BC~2055BC	우르(Ur) 문명(文明) (3740BC~1940BC) : 라가시(Lagash) 2왕조 (2346BC~2046BC)
나호르 1세(Nahor I)		테라(Terah)의 부(父)

나호르 2세(Nahor II) 또는 **아마르신(Amar-Sin)**	2014BC~1963BC 재위 1982BC~1973BC(9년)	테라(Terah, 석가모니 하나님 부처님)의 차남. 우르(Ur) 문명(文明) (3740BC~1940BC) : 우르 3왕조 (2047BC~1940BC) 3대 왕.
12대 왕 호르(Hor)	재위 1750BC~1740BC	이집트 13왕조
6대 왕 삼사라(Samsara)		태국 하리푼차이(Hariphunchai) 2차 교화기 문명 및 왕조 시대(1300BC~AD1)
2대 왕 칸야자 느게 (Kanyaza Nge)	재위 825BC~?	타가웅 1 왕조 (Tagaung I, 850BC~600BC)
2대 왕 티라 라자(Thila Raza)	재위 788BC~740BC	버어마(Burma) 서부 해안 왕조 시대 : 단야와디 3왕조 (Danyawaddy III, 825BC~AD146)
2대 왕 타도 타잉-야 (Thado Taing-Ya)		동부 내륙 상 버어마 (Upper Burma 또는 Myanmar) 타가웅 2 왕조 (Tagaung II, 600BC~483BC)
2대 왕 다마 타우카 1세 (Dhamma Thawka I)		동부 내륙 하 버어마 (Lower Burma 또는 Myanmar) 타톤 왕조 (Thaton, 593BC~AD1057)

10대 왕 다사라즈(Dasaraj)		태국 하리푼차이(Hariphunchai) 2차 교화기 문명 및 왕조 시대(1300BC~AD1)
19대 왕 자카파디라즈(Jakaphadiraj, King of Atikuyaburi)		태국 하리푼차이(Hariphunchai) 2차 교화기 문명 및 왕조 시대(1300BC~AD1)
6대 왕 라오 레오(Lao Leo)		태국-라오(Lao) 왕조 또는 히란 1(Hiran I) 왕조(1150BC~AD1)
4대 왕 라오 두엥(Lao Tueng)		태국-느게온양(NgeonYang) 왕조(1150BC~AD3)
2대 왕 차이야송크람 (Chaiyasongkhram)		태국-란나(Lanna) 왕조(1150BC~AD16)
13대 왕 사이캄(Saikham)		태국-란나(Lanna) 왕조(1150BC~AD16)
16대 왕 카이야케타 (Chaiyachettha)		태국-란나(Lanna) 왕조(1150BC~AD16)
2대 왕 **카운딘야 1세** **(Kaundinya I)**		캄보디아 1차 교화기 : 푸난(Funan) 왕조(王朝) 교화(敎化) 기간(800BC~300BC)
2대 왕 : 미륵불(佛)		캄보디아푸난(Funan) 왕조(800BC~300BC)

메시아와 인류 북반구 문명

4대 왕 카운딘야 2세 (Kaundinya II)		캄보디아 1차 교화기 : 푸난(Funan) 왕조(王朝) 교화(敎化) 기간(800BC~300BC)
13대 왕 라트사다티라트 (Ratsadathirat)		태국 아유타야(Ayutthaya) 왕조 : 2차 교화기(敎化期) 문명(文明) (800BC~300BC)
야자발끼야 **(Yajnavalkya)**	기원전 7세기	브리하다란야까 우파니샤드
라후라(Rāhula)	550BC경	
2대 왕 수라 탄바와 (Sula hanbawa)	재위 477BC~442BC	동부 내륙 하 버어마 (Lower Burma 또는 Myanmar) : 쓰리 크세트라 (Sri Ksetra) 왕조(483BC~AD94)
마하데바(Mahadeva)의 부친		마하데바(Mahadeva) : 악마의 신 석가모니
박혁거세 왕 막내아들		신라
푸브리우스 아에리우스 하드리아누스 아페르(Publius Aelius Hadrianus Afer) 또는 **시몬 바르코크바** (Simon bar Kokhba)	AD52~AD135	3차 유대인 대폭동 지도자

영화 글래디에이터 (Gladiator)의 주인공 검투사	AD136~	17대 로마 황제 마르쿠스 아우렐리우스 (노사나불, 생몰 AD121~AD180, 재위 AD161~AD180)의 친구
2대 왕 투리야 디파티 (Thuriya Dipati)	재위 AD198~AD245	버어마(Burma) 서부 해안 왕조(王朝) 시대 : 단야와디 4왕조 (Danyawaddy IV, AD146~AD788)
법현(法顯)	AD337~AD422	
보리달마	AD423-AD528	
피바(Pybba)	AD570? ~AD606/615 재위 AD593~AD606	영국 멜시아(Mercia)의 2대 왕
의상대사	AD625~AD702	
엑그프리스(Ecgfrith)	재위 AD787~AD796	영국 멜시아(Mercia)의 왕
2대 왕 투리야 타잉 산다 (Thuriya Taing Sanda)	재위 AD810~AD830	버어마(Burma) 서부 해안 왕조(王朝) 시대 : 웨타리(Wethali) 왕조(AD796~AD1018)
2대 왕 위마라(Wimala)	재위 AD837~AD854	동부 내륙 하 버어마 (Lower Burma 또는 Myanmar) 초기 한타와디 왕조 (Early Hanthawaddy, AD825~AD1057)

메시아와 인류 북반구 문명

에드워드 (Edward the Elder)	생몰 AD874~AD877 재위 AD899~AD924	앵글로색슨족의 왕 알프레드 대제 (Alfred the Great, 석가모니 하나님 부처님)의 아들
3대 왕 사례 느가흐쿠에 (Sale Ngahkwe)	재위 AD934~AD943	버어마(Burma) 파간 2왕조 (Pagan II, AD874~AD1044)
로빈훗(Robin Hood)의 아버지	?~AD1161	지상에 자유사상 처음 전함. 로빈훗(AD1160~AD1247)
징기스 칸	생몰 AD1162~AD1227 재위 AD1206~AD1227	몽골국(AD1206~AD1368) 왕
원동중(元童仲)	AD1236~AD1295	고려 때 최초 한단고기
《행촌》 《이암(李嵒)》	AD1296~AD1364	고려 때 단군세기 집필
삼센타이(Samsenthai)	재위 AD1372~AD1417	란쌍 2왕조 (Lan Xang II, AD1353~AD1706)
라흐사엔타이 푸바나르트 (Lahsaenthai Puvanart)	재위 AD1485~AD1495	란쌍 2왕조 (Lan Xang II, AD1353~AD1706)
악바르 대제(Akbar)	생몰 AD1542~AD1605 재위 AD1556~AD1605	무굴제국 3대 황제

1대 왕 킨 키트사라트 (Kin Kitsarat)	재위 AD1707~AD1713	루앙 프라방 (Luang Phrabang) 왕국(AD1707~AD1949)
조지 워싱턴 **(George Washington)**	AD1732. 02. 22. ~AD1799. 12. 14. 임기 AD1789~AD1797	미국의 국부. 미국 초대 대통령
링컨 **(Abraham Lincoln)**	AD1809~AD1865 임기 AD1861. 03. 04. ~AD1865. 04. 15.	미국 16대 대통령
백진사(白進士) **《관묵(寬默)》**	생몰 AD1866~AD1941	2차 한단고기 결집
김현두	생몰 AD1942~현재	AD2000년 성불(成佛). 우주간의 법 해설서 저술. 오프라인 및 온라인 보살불교 법회 주관.

※ 메시아(Messiah)이신 《미륵불》의 분신불(分身佛)이 3분(分)이 계신다. 이와 같은 분신불(佛)의 행적을 일일이 밝히지 못하나 《메시아》이신 《미륵불》은 분신불(分身佛)과 합(合) 총 4분이 되기 때문에 그 행적도 상기 메시아이신 미륵불 본신(本身)이 남긴 행적의 3배수가 되는 점을 깊이 아시기 바란다.

[5] 『한국(韓國)을 중심한 구막한제국(寇莫韓帝國)』

 《한민족(韓民族)》 두 번째 고대(古代) 국가인 지금의 《타클라마칸》 사막에 있었던 《배달국(倍達國)》(딜문, Dilmun, 6000BC~4000BC) 끝 무렵 BC 4000년 민족대이동이 있었을 때 《노사나불(佛)》께서 《한민족(韓民族)》 3,000의 무리를 이끌고 《몽골평원》을 가로지르는 101년(年)간의 대장정 끝에 중도에서 《석가모니 하나님 부처님》과 만나

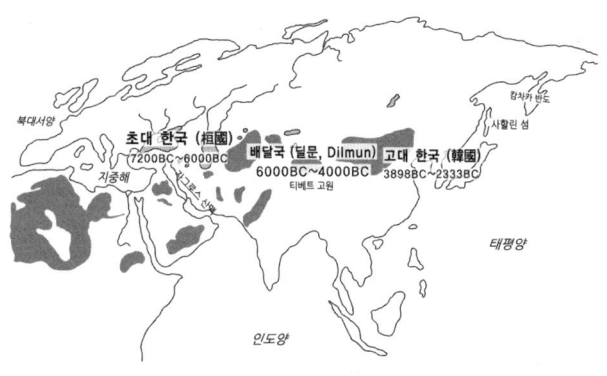

[지도] 북반구 문명 최초의 한민족 국가의 이동 축
(초대 한국(桓國)→배달국(딜문)→고대 한국(韓國))

《한반도(韓半島)》《평양》에 도착하여 BC 3898년(年)에 《석가모니 하나님 부처님》께서 《거발한(居發桓)》(재위 3898BC~3804BC) 한웅(桓熊)님으로 이름하시고 《한민족(韓民族)》 세 번째 고대 국가인 《한국(韓國)》을 세우시고 《한반도(韓半島)》에 있는 《구석기인》들을 교화(敎化)하여 《신석기인》의 과정을 거쳐 《인간사회(人間社會)》를 열게 한 후, BC 3814년에 《중원대륙》으로 진출하여 지금의 《하얼빈》 인근에 자리한 《완달산》 밑에 첫 번째 《신시(神市)》를 만들어 《요하》 유역 일대의 인간 무리 교화(敎化)를 한 일부분이 《관세음보살》께서 교화(敎化)한 무리가 《구려족(族)》으로서 이 자취를 《홍산문화(紅山文化)》라고 하는 것이다.

이러한 이후 《석가모니 하나님 부처님》께서 반복(反復)되는 윤회(輪廻)로 《5대 태우의》 한웅님(재위 3512BC~3419BC)으로 이름하시고 교화(敎化)의 축(軸)을 산동반도(山東半島) 《청구(靑丘)》로 옮겨 두 번째 《신시(神市)》를 열고 《한민족(韓民族)》 최초의 뜻글인 《한문(韓文)》을 완성하여 백성(百姓)들을 가르침과 동시에 《천부경(天符經)》, 《삼일신고(三一神誥)》, 《황제중경(皇帝中經)》, 《황제내경(皇帝內經)》 등 4대 경전(四大經典)을 바탕으로 하여 지상(地上) 최초 고급 종교(宗敎)인 《한단불교(桓檀佛敎)》를 창시(創始)하시어 《보살불교(菩薩佛敎)》라고 하신 것이다.

이러한 이후 《14대 자오지(치우)》(재위 2707BC~2598BC) 한웅님 때에 다시 교화(敎化)의 축(軸)을 《양자강》 일대까지 넓힘으로써 지금의 《상해(上海)》가 있는 《양자강》 건너편에 세 번째 신시(神市)인 《청구(靑邱)》를 여는 것이다.

이러한 《중원대륙》에서 세 번의 《신시(神市)》를 열고 《중원대륙》을 다스린 때를 《한국(韓國)》을 중심한 《구막한제국(寇莫韓帝國)》(3898BC~2333BC)이라고 하며 《천제(天帝)》들이신 《18분(分)》의 한웅(桓熊)님들이 BC 3898 ~ BC 2333년(年)까지 1,566년을 다스리신 것이다.

이러한 《천제(天帝)》님들이 모두 《작은곰자리》 성단

과 《큰곰자리》 성단에서 오신 분들이기 때문에 《한웅(桓熊)》으로 호칭을 하는 것이며, 이와 같은 《한국(韓國)》을 중심한 《구막한제국(寇莫韓帝國)》이 《천제(天帝)》들이 다스린 진정한 《제국(帝國)》으로써 지상(地上)에서 《제국(帝國)》으로 호칭할 수 있는 나라는 《한국(韓國)》을 중심한 《구막한제국(寇莫韓帝國)》 밖에 없으며 이러한 《한국(韓國)》을 중심한 《구막한제국(寇莫韓帝國)》의 실체를 《악마(惡魔)의 신(神)》들과 대마왕(大魔王)들이 권력(權力)의 힘으로 모두 없애놓고 《악마(惡魔)의 신(神)》들과 《대마왕(大魔王)》들의 후손들인 마왕(魔王)들이 이를 두고 《황하문명(黃河文明)》으로 《역사(歷史)》 날조를 함으로써 현재 중원대륙에 살고 있는 중원대륙 인구 3/4이 되는 《한민족(韓民族)》들을 《역사(歷史)》 없는 민족(民族)들로 만들어 놓고 《악마(惡魔)의 신(神)》 후손들이 《한족(漢族)》으로 이름하고 《중원대륙》 주인 노릇을 하고 있기 때문에 때에 《미륵불》이 《역사적 진실(眞實)》을 밝히고 있는 것이다.

 이러한 《역사 왜곡》 이후 《악마(惡魔)의 신(神)》들과 《대마왕(大魔王)》들이 그들의 나라를 만들며 제국(帝國),

제국(帝國)으로 이름 붙여 놓고 있는데, 이렇듯 제국(帝國)으로 호칭한 나라들이 인류《북반구(北半球) 문명(文明)》기간 동안《원천창조주》이신《석가모니 하나님 부처님》께 반역한《악(惡)》의 세력들이라는 사실을 분명히 밝혀 두는 바이다.

[6] 『문수보살(文殊菩薩)과 단군왕검(檀君王儉)』

한편, 《석가모니 하나님 부처님》께서 《한국(韓國)》을 중심한 《구막한제국(寇莫韓帝國)》 5대 《태우의 한웅님》으로 오셨을 때 장남(長男)으로 《연등불(佛)》이 《발귀리 선인(發貴理仙人)》으로 이름하고 태어나고 《문수보살 1세》가 《복희씨》로 이름하고 막내아들로 태어난다. 이렇게 하여 태어난 《발귀리 선인》으로 이름한 《연등불》이 최초로 《신선도(神仙道)》의 체계를 세우고 훗날 6대 《다의발 한웅》(재위 3419BC~3321BC)이 되시며 반복(反復)되는 윤회(輪廻)로 《자부진인(紫府眞人)》 또는 《자부선생(紫府先生)》으로 이름하고 와서 많은 활약을 한 후 다시 반복(反復)되는 윤회(輪廻)로 《단군조선(檀君朝鮮)》이 시작될 때 《자허선인(紫虛仙人)》으로 이름하고 활동을 하는 것이다.

이러한 때 5대 《태우의 한웅님》 막내아들로 태어난 《문수보살 1세》인 《복희씨》도 반복(反復)되는 윤회(輪

廻)로 《석가모니 하나님 부처님》이신 18대 《거불단(단
웅)》(재위 2381BC~2333BC) 한웅님의 아들로 태어나 《세
습》으로 《구막한제국(寇莫韓帝國)》을 물려받아 국호(國號)
를 《단군조선(檀君朝鮮)》으로 이름하고 《BC 2333년》에
《단군조선》을 출발시키면서 《문수보살 1세》는 《단군
왕검(檀君王儉)》으로 자리하는 것이다.

 이와 같이 《문수보살 1세》가 《단군왕검(檀君王儉)》이
된 후 처음 한 일이 《연등불》 후신(後身)인 《자허선인(
紫虛仙人)》과 함께 《한단불교(桓檀佛敎)》를 파괴한 바탕에
《북두칠성연명경》을 소의 경전으로 하는 《선교(仙敎)
》인 《신선도(神仙道)》를 받아들이기 위한 결의를 하게
된다.

 이러한 이후 《한단불교(桓檀佛敎)》의 경전 중(經典中)
《황제중경(皇帝中經)》에서 《왕검씨(王儉氏)》인 《대마왕》
《문수보살 1세》는 《8괘(卦)》와 《한역(韓易)》을 제외한
여타 모든 기록을 《도적질》하고 《천부경(天符經)》과 《삼
일신고(三一神誥)》를 출처도 밝히지 않고 《신선도(神仙

道)》를 위해 강설함으로써 《천경신고(天經神誥)》를 《하늘(天)》에서 받아 강설하는 것인 양 거들먹거리고 《대마왕》《자허선인》으로 이름한 《연등불》은 한역(韓易)을 《도적질》하여 《28숙도(宿圖)》를 《칠정운천도(七政運天圖)》로 이름을 바꾸고 《칠회제신(七回祭神)》 책력을 그의 전생(前生) 삶을 살았던 《자부선생》이 만들었다고 파렴치한 거짓 기록을 남기고 《황제중경(皇帝中經)》을 모조리 찾아 없애 버리고 이를 감추기 위해 역사(歷史) 기록도 허위로 고쳐 놓았다.

이렇듯 이들은 《권력(權力)》의 힘으로 《한단불교(桓檀佛敎)》를 일순간에 《선교(仙敎)》로 바꾸어 《종교(宗敎)》 탈취를 한 후 《대마왕》《문수보살 1세》가 《천상(天上)》에서부터 거느리던 《용자리 성단》 출신의 《신선(神仙)》들을 대대로 《단군(檀君)》의 지위에 머물게 함으로써 완벽하게 《한단불교(桓檀佛敎)》를 없애 버린 것이다.

《석가모니 하나님 부처님》께서 《한민족(韓民族)》을 위해 《한단불교》를 만드신 목적 중의 하나가 《한국(韓

國)》의 시대가 지나고 《단군(檀君)》다스림의 시대 때에 《단군(檀君)》들에게 올바른 《진리(眞理)》의 《법(法)》을 전하여 그들이 《성불(成佛)》할 수 있도록 도움을 주기 위한 목적도 있었는데, 《대마왕》《연등불》과 《대마왕》《문수보살 1세》는 그들이 《권력(權力)》을 잡자마자 이러한 《석가모니 하나님 부처님》의 뜻을 정면으로 거부하고 그들의 《지배욕》과 《권력욕》을 채우기 위해 《종교(宗敎)》 탈취까지를 한 것이 오늘날의 《중원 대륙》과 《한반도》와 《일본》 등 《동양 삼국》 중생들을 엄청난 고통 속으로 몰아넣게 된 것이다.

한편, 《자허선인》으로 이름한 《대마왕》《연등불》은 모든 진리(眞理)의 법(法)들이 《신선도(神仙道)》로부터 비롯된 것인 양 가장하고 《왕검씨》인 《대마왕》《문수보살 1세》와 함께 《한단불교》 종교(宗敎) 탈취를 감추기 위해 《칠정운천도(七政運天圖)》와 《칠회제신(七回祭神)》 책력을 그의 전생(前生) 삶인 《자부선생(紫府先生)》이 이를 만들었다고 허위기록을 남긴 것이 빌미가 되어 모든 사실이 들통이 나게 된 것이다.

《자부선생》 때의 《연등불》은 《한국(韓國)》 고대(古代) 국가인 《구막한제국(寇莫韓帝國)》의 14대 《자오지(치우) 한웅님》(재위 2707BC~2598BC) 때 활동을 한 분으로 이때 《한역(韓易)》에 들어 있던 《28숙도(宿圖)》와 한역(韓易)의 내용을 고쳐 적었다면 모든 사람들의 비웃음의 대상이 될 것은 명약관화한 것이며, 특히, 《한웅님》 다스릴 때에는 이러한 일들을 표면적으로 드러낼 수가 없는 형편이었다. 《구막한제국》의 마지막 《한웅님》이 18대 《거불단(단웅)》(재위 2381BC~2333BC)으로 이름하신 《석가모니 하나님 부처님》이시다. 이때 이전에 만약 《자부선생》이 이러한 일들을 하였다면 《구막한제국》이 《단군왕검》에게 세습이 되지 않았을 것임을 《메시아(Messiah)》가 분명히 하는 것이다.

《단군왕검》이 《한국(韓國)》을 중심한 《구막한제국》을 세습 받아 국호(國號)를 《단군조선(檀君朝鮮)》으로 하였음을 아울러 밝혀 두는 바이며, 이로써 그들은 《권력(權力)》을 잡은 후에 《한단불교》의 모든 기반을 무너뜨리고 그 토대 위에서 《선교(仙教)》의 뼈대를 세우는 《종교(宗教)》 탈취를 한 자(者)들로서의 《대마왕》인 《연등불》과 《대마왕》《문수보살 1세》였으며, 이들 뒤에는 최고의 《대마왕》《다보불》이 항상 버티고 있었던 것이다.

이러한 초기 《단군조선》에서 《황제중경》에 관한 기록을 남긴 것은 모두 날조되어 처음부터 의도적으로 남긴 기록들이며 《단군조선》 출발과 함께 《황제중경》은 이미 영원히 사라진 것이며, 《단군조선》 이전의 《한민족(韓民族)》 역사는 의도적으로 그들 손에 의해 삭제되고 날조 왜곡되었음을 분명히 하며 특히, 《8괘》의 원리나 《28숙도》의 원리 등은 《대마왕》과 《악마(惡魔)의 신(神)》들인 《대마왕신(神)》들이 깨우치지 못한 부분으로써 만약 그들이 이 원리를 깨우쳤다면 모두 《부처(佛)》를 이루고 그러한 짓을 하지 않았을 것이기 때문이다.

그리고 《대마왕》《왕검씨》로 이름하였던 《문수보살 1세》가 《도적질》하여 자기 것으로 만든 《황제중경》의 부분과 《대마왕》인 《자허선인》으로 이름하였던 《연등불》이 《도적질》한 《한역(韓易)》 등은 모두 《황제중경(皇

帝中經)》에 기록된 《석가모니 하나님 부처님》 창작물로써 《한단불교(桓檀佛敎)》의 자랑스러운 문화유산이다. 이러한 문화유산이 《한민족(韓民族)》에게 내린 《천상(天上)》의 크나큰 축복의 의미가 담겨 있음을 《메시아(Messiah)》이신 《미륵불》이 분명히 밝혀 두는 바이며, 이때 이들에 의해 단행된 《한단불교(桓檀佛敎)》 말살 정책이 《지상(地上)》의 인간 무리들로 봐서는 엄청난 불행(不幸)을 가져오게 된 원인이 되었다는 점을 깊이 인식하시기 바란다.

(1) [단군조선(檀君朝鮮)의 역사(歷史) 왜곡의 실상(實相) 정리]

지금까지의 설명에서 드러난 《단군조선(檀君朝鮮)》에서 행(行)한 역사(歷史) 왜곡으로 《한민족(韓民族)》들에게 위해(危害)를 가한 내용을 묶어 정리하면 다음과 같다.

① 한국(桓國)과 《배달국(倍達國)》과 《한국(韓國)》
  에 대한 역사 기록 삭제

② 신시(神市) 세 곳과 《구막한제국(寇莫韓帝國)》
   에 대한 역사 기록 삭제
③ 한단불교(桓檀佛敎) 기록 삭제
④ 《1국(國)》《3체제》《구한(九桓)》의 체제 해체
⑤ 신선도(神仙道)로써 《기복신앙(祈福信仰)》 심화
⑥ 한문(韓文) 문자(文字) 창작(創作)의 연원 삭제
⑦ 황제중경(皇帝中經) 없앰
⑧ 황제내경(皇帝內經) 의술서 전락 방관
⑨ 한민족(韓民族) 발흥(發興)을 저지하기 위한
   《참성단》 건립
⑩ 한문(韓文)의 발음문자인 《36자(字)》《가림토
   문자》를 철폐함으로써 삭제

이와 같은 엄청난 일들을 《단군조선(檀君朝鮮)》에서 행(行)하였음을 차제에 깊이 인식하시기 바란다.

사정이 이러함에도 이러한 일들을 모르는 《대한민국(大韓民國)》의 여러 기관들에서는 년년(年年)의 연호를 《단기(檀紀)》와 《서기(西紀)》로 병용하여 쓰고 있는데, 천상(天上)의 비밀한 뜻이 《미륵불(彌勒佛, Maitreya)》에 의해 밝혀지는 지금의 때로 봐서는 《단기(檀紀)》의 사용은 《민족(民族)》《자존(自尊)》을 위하여서라도 당장 철폐되어야 하며, 《한민족(韓民族)》에게는 《BC 3898년》에 《한국(韓國)》을 세운 《한기(韓紀)》가 분명히 따로 존재하는 것이며, 《문수보살 1세》인 《단군왕검(檀君王儉)》은 《한민족(韓民族)》의 최고 조상이 아닌 《선비족(鮮卑族)》의 최고 조상임을 분명히 밝혀 두는 바이며, 이러한 《왕검씨(王儉氏)》가 《한민족(韓民族)》들을 구렁텅이로 몰아넣은 주범들 중 한 명임을 분명히 하니 뜻있는 분들은 하루빨리 《한기(韓紀)》를 바로 찾아 민족자존을 바로 세우시기를 간절히 바란다.

(2) 지구(地球)와 문수보살(文殊菩薩)

지금까지 기록된 내용이 대마왕(大魔王)《문수보살(文殊菩薩)》이 《연등불》과 함께 《석가모니 하나님 부처님》께 반역(反逆)하여 《북반구 문명기》에서 진리(眞理)를 왜곡한 두 번째 사례가 되는 것으로써 첫 번째 사례가

《문수보살》이 인류 최초의 문명(文明)인 《수메르 문명》 때 《수메르 왕조(王朝)》가 마지막 왕(王) 10대 《진수드(지우수드라, Ziusudra)》(재위 4200BC~4100BC)로 있을 때 최고 《악마(惡魔)의 신(神)》인 《대마왕신(神)》《비로자나 1세》와 결탁하여 당대 《수메르 왕조(王朝)》 주축 세력을 이루었던 《사카족(Sakas)》으로 이름된 《아리안족(Aryans)》과 《유대민족》 중 《사카족(Sakas)》으로 이름된 《석가모니 하나님 부처님》 직계 후손들인 《아리안족》들을 때에 《석가모니 하나님 부처님》께서 《영국》의 《앵글로족(Anglos)》 교화(敎化) 때문에 배달국(딜문, Dilmun)을 비운 사이 《진수드(Ziusudra)》로 이름한 《문수보살》은 이들을 이끌고 《인도》 서북쪽 국경을 넘어 《아리안족》들을 이동을 시킨 것이 《석가모니 하나님 부처님》께 반역(反逆)한 첫 번째 사례이며, 이로써 이러한 사건이 《중동 지방》을 비롯한 《지중해 연안》과 《유럽》의 민족간 세력 판도를 크게 바꾸어 놓은 사건이 되는 것이다.

두 번째 《원천창조주》이신 《석가모니 하나님 부처님》의 뜻에 반역(反逆)한 사건이 상기 《대마왕(大魔王)》들인 《문수보살》과 《연등불》에 의한 《단군조선(檀君朝鮮

)》 역사(歷史) 날조와 함께 토착불교(土着佛敎)로 이름되는《보살불교(菩薩佛敎)》인《한단불교(桓檀佛敎)》를 말살한 사건이 되는 것이다.

이와 같이《문수보살》이 이렇듯 엄청난 일을 할 수 있었던 것은 최고의《대마왕(大魔王)》《다보불》과《악마(惡魔)의 신(神)》인 최고의《대마왕신(神)》인《비로자나 1세》의 눈에 보이지 않는 사주 탓도 있으나 결정적인 것은 그때까지《지구(地球)》가《문수보살》의 법신(法身)이었기 때문에 막강한 힘(力)을 행사할 수 있는 잇점이 있었기 때문에 가능한 일이었다.

때문에 때에《석가모니 하나님 부처님》께서는 지구(地球)의 핵(核)에서《문수보살》을 쫓아내어 지구(地球)를 그의 법신(法身)으로 하는 권능(權能)을 박탈하고 지구(地球)는 때가 올 때까지《석가모니 하나님 부처님》께서 직접 관리하셨기 때문에 이후《문수보살》은 그의 권능(權能) 박탈로 막강한 그의 힘을 잃고 만 것이다. 이로써《단군조선(檀君朝鮮)》이후의《문수보살》역할은《최고》의 《대마왕(大魔王)》인 《다보불》의 뒷전에 숨어 못난 짓들을 막후에서 계속 한 것이다.

　본래부터 《문수보살》은 《1-2 그림자 우주》 진화(進化)를 하는 대마왕(大魔王)으로서 《1-1의 진화의 길》을 걷는 《미륵불(佛)》이 지상(地上)의 서기 2000년까지 《백억 년(百億年)》만에 불법(佛法) 일치된 완전한 깨달음을 얻을 것 같으면 《문수보살》은 《미륵불》보다 곱절의 시간인 《2백억 년(二百億年)》이 지나야 불법(佛法) 일치된 완전한 깨달음의 부처(佛)를 이루는 것이 통례이나 《천상(天上)》의 1차 우주 쿠데타 주력 세력의 공로로 우리들의 지구(地球)가 탄생하였을 때 《미륵》의 법신(法身)으로 점찍어진 지구(地球)를 때에 장남인 《미륵》을 밀어내고 이를 탈취하여 《문수보살》이 《지구(地球)》를 그의 법신(法身)으로 한 탓에 《문수보살》의 성불(成佛)이 《50억 년(億年)》 빨라지게 되어 있었던 것이 《다보불》의 사주를 받아 《원천창조주》이신 《석가모니 하나님 부처님》께 반역(反逆)함으로써 모든 이익됨을 잃은 어리석은 자(者)가 《문수보살》이었으며, 이러한 《문수보살》과 《다보불》도 그들의 버릇을 청산하지 못하고 계속 우주(宇宙) 진화(進化)를 방해한 결과 불과 얼마 전(前)에 《석가모니 하나님 부처님》과《미륵불(佛)》에 의해 처벌을 받음으로써《법공(法空)》과 우주간에 있는《대공(大空)》에서 영원히 사라져 가야 하는 허망한 벌(罰)을 받았음을 미륵불(佛)이 밝혀 두는 바이다.

[7] 『윤회(輪廻)와 인연과보(因緣果報)』

《윤회(輪廻)》의 법칙에는 《지옥(地獄)》, 《아귀(餓鬼)》, 《축생(畜生)》, 《아수라(阿修羅)》, 《인간(人間)》, 《천인(天人)》 등 육도윤회(六道輪廻)가 있다.

이러한 육도(六道)에 있어서 《지옥(地獄)》도(道)를 제외한 나머지 《아귀도(餓鬼道)》와 《축생도(畜生道)》와 《아수라도(阿修羅道)》와 《인간도(人間道)》와 《천인도(天人道)》는 마음(心)의 근본 뿌리 주인공인 《영혼(靈魂)》과 《영신(靈身)》에 있어서 《영신(靈身)》의 진화도(進化道)에 따라 구분한 내용으로써, 《아귀도(餓鬼道)》는 《곤충(昆蟲)》과 《어패류(魚貝類)》의 《영신(靈身)》을 가진 자가 진화(進化)하는 길을 말하며 《축생도(畜生道)》는 《물고기》와 《짐승》의 《영신(靈身)》을 가진 이가 진화(進化)하는 길을 말하며 《아수라도(阿修羅道)》는 《구석기인》 또는 진화(進化)가 덜된 인간들의 《영신(靈身)》 진화(進化)를 하는 것을 말하고 《인간도(人間道)》는 인간 《영신(靈身)》을 가진 진화

(進化)의 길을 뜻하며 《천인도(天人道)》는 진화(進化)된 인간이 《별(星)》을 법신(法身)으로 하여 《별(星)》의 진화(進化)의 길을 따르는 것을 말한다.

  이와 같이 《곤충(昆蟲)》과 《어패류(魚貝類)》 영신(靈身)을 가진 무리가 진화(進化)를 하는 《아귀도(餓鬼道)》는 《천관파군》과 《그림자 비로자나》와 《가이아 신(神)》과 《비로자나》와 《석가모니》 등이 우두머리가 되어 진화(進化)를 하는 《악마(惡魔)의 신(神)》들인 《대마왕신(神)》들이 따르는 진화(進化)의 길(道)이 되는 것이다. 다음으로 《물고기》와 《짐승》 등의 영신(靈身)을 가진 무리가 진화(進化)를 하는 <u>《축생도(畜生道)》는 《다보불》과 《문수보살》과 《관세음보살》과 《무곡성불》과 《문곡성불》과 《연등불》</u> 등이 우두머리가 되어 진화(進化)를 하는 <u>《대마왕(大魔王)》</u>들이 따르는 진화(進化)의 길이 되며, <u>《아수라도(阿修羅道)》와 《인간도(人間道)》와 《천인(天人)의 도(道)》</u>는 셋이 하나된 <u>《인간 무리》</u>들 진화(進化)의 길로써 인간(人間)의 《마음(心)》의 근본 뿌리인 <u>《성(性)의 30궁(宮)》과 《속성(屬性)》으로 이루어진 《유전자 4만 개》 진화(進化)</u>의 정도에 따라 구분한 것이다.

이러한 진화(進化)의 길에 있어서 《인연과보(因緣果報)》의 이치를 따라 《윤회(輪廻)》를 하는 것이 진리(眞理)로 자리하는 것이다.

우주간(宇宙間)의 진화(進化)는 《영체(靈體)의 진화》와 《고체(固體)의 진화(進化)》가 음양(陰陽) 짝을 하고 있다. 이와 같은 진화(進化)에 있어서 《영체(靈體)》의 진화(進化)는 《인연과보(因緣果報)》에 따른 《윤회(輪廻)》가 숙명적(宿命的)인 진리(眞理)로 작용(作用)을 하는 것이다.

《원천창조주》이신 《석가모니 하나님 부처님》에 의해 주기적(週期的)으로 진행(進行)이 되는 《법공(法空)》과 《대공(大空)》의 진화(進化)에 있어서 《창조(創造)》는 필요에 의한 방편(方便)일 따름이다.

이와 같은 진리(眞理)를 무시하고 《악마(惡魔)의 신(神)》들인 《대마왕신(大魔王神)》들과 《대마왕(大魔王)》들은 인간 무리들에게 진리(眞理)를 가르쳐 빨리 진화(進化)시키기 위해 《석가모니 하나님 부처님》께서 만드신 《보살불교(菩薩佛敎)》인 《한단불교(桓檀佛敎)》와 《브라만교(바라문교, 婆羅門敎)》와 《유대교(敎)》를 탈취하여 《원천창조주》이신 《석가모니 하나님 부처님》 진리(眞理)의 법(法)을 파괴한 후 《악마(惡魔)의 종교(宗敎)》로 둔갑시켜 《천주교》, 《기독교》, 《마왕불교》 등 각종 종교(宗敎)를 만들어 교주(敎主)로 자리한 후 그의 추종 세력들과 함께 종교단체를 세세생생 점령을 한 후 《창조론(創造論)》을 내세워 인간 《구원(救援)》을 입에 담으면서 인간 무리들의 《정신세계(精神世界)》를 정복하여 인간 무리들을 우주간(宇宙間)의 인간 무리들 《유치원》생 정도의 《정신연령(精神年齡)》을 가진 우주간(宇宙間)의 《바보》로 만들어 놓고 이들을 《통치(統治)》하고 《지배(支配)》하다가 《선천우주(先天宇宙)》 마감이 되는 지금의 때 《탐욕》과 《이기심》에 찌들어 어두워진 그들 《영혼》과 《영신》들이 어두움은 어두움을 따르는 속성(屬性)을 따라 하나같이 공포스러운 《무간지옥(無間地獄)》으로 떨어지게 하여 놓고 파렴치하게도 인간구원(人間救援)을 입에 담는 거짓으로 일관하고 있는 자(者)들이 《악마(惡魔)의 신(神)》들인 《대마왕신(神)》과 《대마왕(大魔王)》 종교 교주(宗敎敎主)들인 것이다.

이러한 자들이 《인연과보(因緣果報)》의 이치를 따라 윤회(輪廻)하는 진화에 있어서 《곤충(昆蟲)》과 《어패류》 영신(靈身) 진화를 하는 《아귀도(餓鬼道)》를 따르는 《악마(惡魔)의 신(神)》들인 《대마왕신(神)》들과 《물고기》, 《짐승》 등의 《영신》 진화를 하는 《축생도(畜生道)》를 따르는 무리들이 그들의 《본색(本色)》을 감추기 위해 진리(眞理)를 따른 진화를 무시하고 진화(進化)의 과정에 필요에 의해 단행되는 《창조(創造)》를 내세워 그들이 구세주(救世主)인 양 사기를 쳐 인간 무리들이 진화를 하지 못하게 하여 《무간지옥》으로 떨어지게 하는 행위는 천만 번 죽어도 시원치 않는 파렴치한 행위인 것이다.

 진행을 하면서 『《지상(地上)》에서의 《메시아》 본신(本身) 행적』 일부를 밝힌 바가 있다. 진화(進化)하는 당체인 《인간》이 《화신(化身)》으로 이름되는 그의 육신(肉身) 죽음 이후는 《지옥도(地獄道)》에 빠지는 경우를 제외하고는 일반적으로 그의 《영혼》과 《영신》과 《속성》 등 셋이 하나된 당체는 《열흘》 이내에 새로운 육신(肉身)을 갖기 위해 인간으로 잉태되는 것이 진리(眞理)이다. 이때의 태어남(生)이 《인연과보》의 이치에 따른 《윤회

(輪廻)》가 되는 것이다.

　《악마의 신(神)》들인 《대마왕신(神)》들과 《대마왕(大魔王)》들과 그들의 후손 모두들과 인간 무리들 모두들은 《120억 년(億年)》 동안 《반복(反復)》되는 《윤회(輪廻)》로 진화(進化)를 하여야 하는 숙명(宿命)을 가지고 있었으며 《120억 년(億年)》 끝에는 《원천창조주》이신 《석가모니 하나님 부처님》에 의해 가을에 곡식을 추수하듯이 《인간 추수기》에 들어가서 진화(進化)가 되지 못한 《어둠》의 종자들은 모두 《무간지옥(無間地獄)》으로 쓸어 넣어 재진화(再進化)의 길에 들어가게 하는 것 역시 진리(眞理)이다.

　이로써 120억 년(億年) 선천우주(先天宇宙)가 마감이 될 때 《인간 추수기》가 도래하였기 때문에 지상(地上)의 인류 북반구 문명을 마감하면서 《악마(惡魔)의 신(神)》들인 《대마왕신(神)》들과 《대마왕(大魔王)》 두목급 모두를 《석가모니 하나님 부처님》과 《미륵불(佛)》이 처단을 하여 이들 모두들이 《법공(法空)》과 《대공(大空)》에서 영원히 사라지게 하였으며 《선천우주》 연장선상에 있는 지금의 때는 지상(地上)에 80%가 되는 악마(惡魔)의 신(神)인 《대마왕신(神)》과 《대마왕(大魔王)》 후손(後孫)들에 대한 진화(進化)의 척도를 구분하여 《탐욕》과 《이기심》에 찌든 진화가 덜된 어둠의 무리들을 구분하여 《무간지옥》으로 쓸어 넣고 있는 단계로써, 《악마의 신(神)》들인 《대마왕신(神)》들과 《대마왕(大魔王)》들이 만든 《악마의 종교》인 《천주교》, 《기독교》, 《마왕 불교》 등과 각종 종교(宗敎)들은 필요 없는 시점이 되어 다만 《도덕성(道德性)》을 갖춘 진리(眞理)의 종교(宗敎)인 《보살불교(菩薩佛敎)》를 처음부터 다시 배워 《후천우주(後天宇宙)》 이상세계로 넘어 가야만 하는 일만 남은 것이다.

인간들 사회는 《인연과보(因緣果報)》의 이치와 《윤회(輪廻)》를 가르치고 《도덕성(道德性)》과 사회정의(社會正義) 교육(敎育)만 바로 시키면 인간 사회는 밝음에 넘치는 활발한 사회가 전개되어 인간 무리들이 올바른 진화(進化)를 하여 고통 없는 사회가 형성될 것임을 《미륵불(佛)》이 밝히는 바이며,

《창조론(創造論)》을 부르짖으며 구원(救援)의 능력도 없는 《악마의 신》인 《대마왕신(神)》들이 교주(敎主)로 있는 《천주교》의 《야훼 신》과 《기독교》의 《예수 그리스도》와 《마왕불교》의 《석가모니》는 모두 《악마(惡魔)의 신(神)》들인 《대마왕신(神)》들임을 분명히 하며, 《창조론(創造論)》은 《악마(惡魔)의 신(神)》들이 그들의 본색(本色)을 감추고 《정복욕》과 《지배욕》에 깊이 물들어 인간 무리들 《정신세계(精神世界)》를 지배하여 궁극적으로는 파멸(波滅)을 시켜 《무간지옥(無間地獄)》으로 떨어지게 하는 도구로 활용하는 자들임을 메시아(Messiah)이신 미륵불이 분명히 하는 것이다.

(1) 지옥(地獄)

인간(人間)의 《육신(肉身)》이 죽음(死)을 맞이하면 《영혼(靈魂)》과 《영신(靈身)》과 《속성(屬性)》 등 셋이 하나가 되어 진화(進化)하는 경우가 일반적(一般的)인 진화(進化)의 길을 걷는 무리들로서 이들은 《유전자(遺傳子)》 4만

개를 온전히 가지고 진화(進化)하는 무리가 되며, 이러한 《영혼(靈魂)》과 《영신(靈身)》과 《속성(屬性)》 등 셋이 하나 된 인간 무리들 중 생전(生前) 수행으로 《속성(屬性)》을 떨어뜨린 자(者)들 대부분은 《영혼(靈魂)》과 《영신(靈身)》을 오롯이 하여 인연 있는 자기의 《법신(法身)》인 저 공간(空間)의 《별(星)》로 들어가 안락한 진화(進化)의 길을 택한 무리를 《천인(天人)》의 대열에 들었다고 한다.

이와 같은 《영혼(靈魂)》과 《영신(靈身)》과 《속성(屬性)》 등 셋이 하나된 무리들 중 생전(生前)의 수행으로 《영신(靈身)》과 《속성(屬性)》 모두를 떨어뜨린 자(者)들은 두 번 다시 인간 육신(肉身)을 가지고 태어남이 없이 그들의 《영혼(靈魂)》만 오롯이 하여 《영혼(靈魂)》만이 《기(氣)》의 덩어리를 이루고 진화(進化)는 멈춘 채 《대공(大空)》속을 별도로 운행하는 무리들로서 《마왕불교(魔王佛敎)》를 하는 한 깨달음과 한 소식을 했다는 《마왕(魔王)》 《선승(禪僧)》들이 가는 길로써 진화(進化)에 역행(逆行)하는 무리들이 가는 길이다. 이러한 길에 빠져들면 어느 때 다시 진화(進化)의 길로 갈지는 기약이 없는 오랜 세월을 지나야 하는 매우 불행한 마왕(魔王)들의 길이 되는 것이다.

 이 때문에 수행으로《속성》을 떨어뜨리는《영혼(靈魂)》과《영신(靈身)》이 밝음을 오롯이 하여 인간 완성의 부처(佛)를 이룬《보살(菩薩)》의《영혼(靈魂)》과《영신(靈身)》이 되어《반야바라밀다(般若波羅蜜多)》에 의지해《천궁(天宮)》으로 들어가서《불성(佛性)》을 이루게 되는 진화(進化)가 교과서적인 진화(進化)의 방법인 것으로써 대부분의 인간들은 인간 완성의 부처(佛) 이룸 자리인《아라한(阿羅漢)》의 자리에 머물거나《보살도(菩薩道)》의 길을 따라《불성(佛性)》을 이루어《보살마하살》이 되거나 불법(佛法) 일치된 완전한 깨달음의 부처(佛)로 나아가는 것이며,《아라한(阿羅漢)》과《보살(菩薩)》은 동급으로써 다만《보살도(菩薩道)》의 길을 따르느냐 따르지 않느냐에 따라 그 지위가 결정이 되며 인간들 진화(進化)의 궁극적인 목표는 최소한《아라한(阿羅漢)》과《보살(菩薩)》을 이루어야《적멸보궁(寂滅寶宮)》이나《극락》에 머물 수가 있는 것이다.

다음으로 《윤회(輪廻)》의 법칙상 《지옥고(地獄苦)》에 대하여 알아야겠다. 《지옥(地獄)》은 《유간지옥(有間地獄)》과 《무간지옥(無間地獄)》이 있는데, 《유간지옥(有間地獄)》이 《대공내(大空內)》에 무수히 깔려 있는 지옥(地獄)을 말하며 《무간지옥(無間地獄)》이 《대공(大空)》과 《적멸보궁(寂滅寶宮)》 사이의 두터운 암흑물질층을 말한다.

이러한 《지옥(地獄)》 중 대공내(大空內)에 있는 《유간지옥(有間地獄)》은 각종 고통스러운 별(星)에 갇히거나 인간들이 살고 있는 별(星)들 내(內)에도 도처에 수많은

[그림] 법공(法空) 내에서의
유간지옥(有間地獄)과 무간지옥(無間地獄)

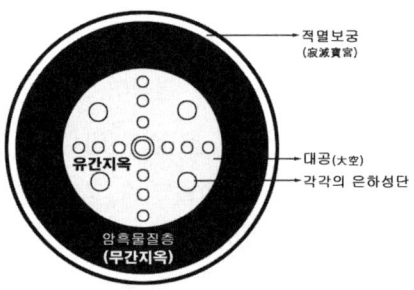

지옥(地獄)들이 산재하는데 이곳에 갇히는 경우도 《영혼(靈魂)》과 《영신(靈身)》과 《속성(屬性)》 등 셋이 하나 되어 갇히는 경우와 《영혼(靈魂)》과 《영신(靈身)》이 유령(幽靈)이 되어 갇히는 경우와 《영혼(靈魂)》만이 오롯이 갇히는 경우가 있는데, 《영혼》과 《영신》과 《속성》 등 셋이 하나 되어 갇히는 경우와 《영혼》과 《영신》이 《유령》이 되어 갇히는 경우는 《고통》이 다하면 대부분 600년 이내에 풀려나 다시 진화(進化)의 길에 들어가게 되며, 드물게 《영혼》만 갇히는 경우는 업보(業報)에 따라 기약 없이 갇히는 경우가 있는데 현재 《대영박물관》에 보관된 《물방울 다이아몬드》가 하나의 좋은 "예"가 된다.

다음으로 대공(大空) 바깥에 있는 공포스러운 《무간지옥(無間地獄)》에 갇히는 경우를 말씀드리면, 《영혼》과 《영신》이 《유령》이 되어 갇히는 경우 최소 1,200억 년(億年), 최대 법공(法空)의 1회 진화(進化)의 주기인 만억 년(萬億年)을 갇히는 경우와 《영혼》 죽임을 당하여 《영신》이 사라진 《영혼》만이 오롯이 갇혀 고통 속에 만억 년(萬億年)을 갇히는 경우의 형벌이 있으며, 다음으로 엄한 형벌이 《영혼》과 《영신》 모두가 공포스러운 죽임을 당한 후 《암흑물질》이 되어 최소한 세 번째 법공(法空) 진화기(進化期)인 3만억 년(三萬億年) 중 어느 법공(法空) 진화기에서 다시 진화(進化)를 할 것인지를 모르는 경우와 최악의 경우인 《암흑물질》에서 절대 온도를 가진 순수 공(空)으로 돌아가서 《법공(法空)》에서 완전히 사라졌다가 어느 법공(法空) 진화기에 진화의 길로 나올 것인지 기약이 없는 경우로써 이번 1, 2차 우주 쿠데타 주력 세력들이 받은 형벌(刑罰)이 이렇듯 지독한 형벌(刑罰)을 받은 것이다.

[8] 『미륵불(彌勒佛)의 성불(成佛)』

《미륵(彌勒)》이신 《메시아(Messiah)》는 진행(進行)을 하면서 밝힌 바 있듯이 지금으로부터 112억 년 전(億年前) 《상천궁(上天宮)》에서 1-7의 성(星)을 법신(法身)으로 하여 《석가모니 비로자나 3세》로서 《석가모니 하나님 부처님》 분신(分身)의 아들로 태어난 후 지금으로부터 108억 년 전(億年前) 《작은곰자리》 《감마성(星)》을 법신(法身)으로 하여 《석가모니 하나님 부처님》 육신불(肉身佛)이신 《다보불(佛)》의 장남(長男)으로 태어나서 보살도(菩薩道) 성취의 《보살(菩薩)》을 이루고 《구명보살(鳩名菩薩)》이라는 호(號)를 얻고 이후 지금으로부터 43억 년 전(億年前) 《석가모니 하나님 부처님》 진신 4성(眞身四星) 중 하나인 《화성(火星, Mars)》을 《법신(法身)》으로 하여 태어나 《보살마하살(菩薩摩訶薩)》의 소임을 다하고 『지상(地上)에서의 《메시아(Messiah)》의 본신(本身) 행적 일부』에서 밝힌 바 있듯이 《수밀이국》 《우루크 1왕조(王朝)》(4100BC~3485BC) 때 《10대 왕 메시헤(Mesh-he)》(재위 3622BC~3559BC)라는 호(號)를 받은 후 지상(地上)의 《북반구(北半球)》 문명 곳곳에서 활발한 활동을 한 내력을 진행을 하면서 밝힌 바 있다.

 이러한 《미륵(彌勒)》이신 《메시아(Messiah)》는 현생(現生)에 《김현두》(AD1942.10.29.~현재)로 이름하고 태어나 《54세》에 꿈속에서 처음부터의 아버님이신 《석가모니 하나님 부처님》으로부터 세상의 오욕(五慾)에 찬 재미에서 벗어나지 못하고 있는 그대를 더 이상 그대로 둘 수가 없다는 경고의 말씀이 들려온 이후 1년도 채 되지 않는 기간에 하던 사업의 부도로 무소유(無所有)의 상태가 된 후 이 일로 《김현두》의 잘못도 없이 《3년(年)》의 《옥고(獄苦)》 중 2년 2개월의 억울한 옥(獄)살이를 한 후 풀려난 적이 있다.

 이러한 감옥살이 기간 중 미륵(彌勒)은 『우파니샤드』(옮긴이 이재숙, 펴낸 곳 도서출판 한길사, 1996.11.15.)라는 책을 보다가 책의 내용 중 『마이뜨리 우파니샤드』와 『브리하다란야까 우파니샤드』를 고대 《인도》에서 《석가모니 하나님 부처님》께서 《인드라프라스타》의 왕 《유디스

티라(Yudhisthira)》(생몰 3418BC~3347BC)로 태어나시어 BC 3370년에 《리그베다》와 《우파니샤드》를 경전(經典)으로 하여 《브라만교(敎)》를 창시하셨을 때 때에 아들로 태어난 《미륵》이 창작한 기록임이 어스름프레하게 기억이 떠오른 후 《한단고기》(임승국 번역·주해, 정신세계사 간, 1986)를 대하는 순간 《미륵》이 《고려 왕조》 고종(재위 AD1213~AD1259) 때 《한단고기(桓檀古記)》 초판본을 결집할 때 《원동중(元童仲)》으로 이름하고 참여하고 이후 《이암(李嵒)》(AD1296~AD1364)으로 태어나서 《단군세기》를 집필하고 반복(反復)되는 윤회(輪廻)로 《구한말》에 《백진사(白進士)》 《관묵(寬黙)》(AD1866~AD1941)으로 이름하고 태어나 《일월등명불(佛)》 후신(後身)인 《계연수》(AD 1864~AD1920)와 함께 《2차 한단고기(桓檀古記)》를 집필한 것을 기억해 냄으로써 전생(前生) 기억을 모두 찾고 이후 『실상(實相)의 법(法)』 집필에 착수한 후 《60세》되는 서기(西紀) 2000년 1월에 《마(魔)》를 항복 받음으로써 『실상(實相)의 법(法)』 1차 집필을 완성하였을 때 《천상(天上)》의 《석가모니 하나님 부처님》으로부터 "《미륵(彌勒)》은 《불법(佛法)》 일치된 완전한 깨달음의 부처(佛)를 이루었노라"라는 우렁찬 공중성(空中聲)으로 《법인가(法引可)》를 받고 아울러 《지구(地球)》가 《미륵불(彌勒佛)》의 《법신(法身)》이 된다는 통보를 동시에 받음으로써 일찍이 《대마왕(大魔王)》《다보불》과 《문수보살》에게 탈취 당하였던 《법신(法身)》을 《불법(佛法)》 일치된 완전한 깨달음의 부처(佛)를 이룸으로써 잃어버렸던 본래 《미륵불(佛)》의 법신(法身)을 《선천우주(先天宇宙)》 마감 예정년도인 지상(地上)의 서기(西紀) 2000년(年)에 비로소 되찾은 것이다. 이러한 《미륵불(佛)》이 불법(佛法) 일치된 완전한 깨달음의 부처(佛)를 이룬 장소가 《보리수산(山)》으로 이름된 《장산(萇山)》 밑의 《기장(機張)》이 《성불(成佛)》 장소가 됨을 밝혀 두는 바이다.

이와 같이 《성불(成佛)》을 함으로써 《미륵불(佛)》은 《석가모니 하나님 부처님》을 제외하고 《우주간(宇宙間)》과 《세간(世間)》에서 부처(佛)들 중 제일 높은 부처(佛)로서 큰 힘(力)을 가지신 부처(佛)를 이루신 것이다.

이러한 《성불(成佛)》 이후 《미륵불(佛)》은 《석가모니 하나님 부처님》과 함께 서기(西紀) 《2014년》까지 15년 동안 《우주간(宇宙間)》과 《세간(世間)》에서 1차와 2차

《우주 쿠데타》를 일으킨 주동자들과 《이슬람》을 제외한 《천주교》, 《기독교》, 《마왕불교》와 각종 종교(宗敎) 교주(敎主)들 모두들의 《영혼(靈魂)》과 《영신(靈身)》 모두들을 거세하여 《법공(法空)》과 《대공(大空)》에서 영원히 사라지게 한 것이며, 승단을 세세생생 이루었던 《신부》, 《목사》, 《승려》들 모두와 우주간(宇宙間)과 세간(世間)에 있는 모든 《신(神)》들 중 이들의 거사에 동참하여 우주간(宇宙間)과 세간(世間) 중생 무리들 진화(進化)를 가로막은 《신(神)》들 모두들도 처리하여 《무간지옥(無間地獄)》으로 떨어지게 함과 동시에 《미륵불(佛)》은 《지구(地球)》 중심핵(中心核)에 남아 있던 《문수보살》의 잔재를 모두 정리하고 《미륵불》이 지구(地球)의 중심핵(中心核)으로 명실상부하게 자리한 후 1년 동안 지구(地球)의 중심핵(中心核) 중의 핵(核)이 되는 《미륵불》 육신(肉身)을 고통 속에서 서기 2015년 4월까지 정리를 마침으로써 지구(地球)의 중심핵(中心核)과 핵(核) 중의 핵(核) 모두가 비로소 《미륵불》의 《법신(法身)》의 핵(核)이 됨으로써 《미륵불(佛)》이 완벽한 지구(地球)의 주인이 된 것이다.

이러한 와중에 《미륵(彌勒)》이 《미륵 부처(佛)》를 이루기 직전 집필을 끝냈던 《실상(實相)의 법(法)》이 《악마(惡魔)의 신(神)》들과 《대마왕(大魔王)》들의 집요한 방해로 진리(眞理)의 부분들이 왜곡된 점들이 드러나 그동안 두 번의 개정판을 낸 후에도 마찬가지 현상이 일어나 고심하던 중 《1, 2차 우주 쿠데타》 세력을 모두 제거한 이후에야 마지막 잘못된 부분을 바로 하여 세 번째 개정판을 모두 완성하여 두었으나 경제 사정 때문에 책으로 만들지 못하고 있는 상태이지만 성불(成佛) 이후 16년이 지나서야 완벽한 《실상(實相)의 법(法)》이 탄생한 것이다.

이로써 《미륵불(佛)》이 성불(成佛)한 이후 《석가모니 하나님 부처님》께서 남기신 불법(佛法) 이외에 《미륵불(佛)》이 현생(現生)에 와서 남긴 법(法)을 정리하면 다음과 같다.

(1) 妙法華(묘법화)의 실상(實相)의 법(法)
(2) 불교(佛敎) 기초교리 핵심 81강

(3) 우주간의 법 해설 대승보살도 기초교리

(4) 진실(眞實)된 세계역사(世界歷史)와 종교(宗敎)

(5) 법성게(法性偈) (일명. 화엄법계일승도)

(6) 무량의경(無量義經) 약본(略本)

(7) 미륵부처님께서 밝히시는 한민족(韓民族)들이 가야만 하는 길

(8) 미륵불(佛)과 메시아(Messiah)

(9) 미륵부처님께서 밝히시는 잃어버린 진실(眞實)된 한민족(韓民族)들의 역사(歷史)

(10) 미륵부처님께서 밝히시는 문명(文明)의 종말(終末)

(11) 현대과학 용어로 본 유식사상과 여래장과 선

(12) 미륵부처님께서 밝히시는 우르난쉐(Ur-Nanshe)님에 대한 진리(眞理)

현재 지구상(地球上)에는 《악마의 신(神)》 후손들과 《대마왕(大魔王)》 후손 인간 무리들이 80%가 된다. 이러한 인간 무리들을 진화(進化)의 척도에 따라 《탐욕》과 《이기심》에 가득 찬 어두운 마왕(魔王) 무리들을 갈라 《무간지옥(無間地獄)》으로 보내 일만억 년(一萬億年)의 형벌인 재진화(再進化)의 길에 들게 하고 한편으로 인간 무리들에게 《악마의 신(神)》들과 《대마왕》들의 실체를 밝혀 이들을 교주(敎主)로 한 《종교(宗敎)》로부터 떠나야만

《미륵불》께서 인도하는 《후천우주(後天宇宙)》로의 구원(救援)이 실현됨을 알리고 특히 시계 반대 방향의 회전 길에 있는 《역리(逆理)》를 따르는 1-4-1의 길에서 《탐욕》과 《이기심》의 극치를 이루는 《좌익(左翼)》 사상(思想)과 관념(觀念)을 가진 《악마의 신(神)》들 후손들과 《대마왕》 후손들은 《석가모니 하나님 부처님》과 《미륵불(佛)》께서 철두철미하게 골라내어 그들의 《영혼(靈魂)》들과 《영신(靈身)》들은 《법공(法空)》과 《대공(大空)》에서 영원히 사라지게 함으로써 《후천우주(後天宇宙)》에서는 시계 방향의 회전길인 순리(順理)를 따르는 1-3-1의 길만 남게 됨으로 《우익(右翼)》 세력만 존재하게 됨을 알려 드리는 바이다.

우주간(宇宙間)과 세간(世間)에서 《인간(人間)》으로 태어나서 진화(進化)를 하고자 하거든 하루빨리 《탐욕》과 《이기심》의 극치를 달리는 《좌익(左翼)》 사상(思想)과 관념(觀念)으로부터 벗어나서 해방되는 것이 옳은 일임을 마지막으로 알려 드리는 바이다.

[9] 『미륵불(佛)이신 메시아(Messiah)의 경고(警告)』

(1) 『기독교(基督教)의 뿌리』

먼저 《초기 기독교》의 근원적인 뿌리에 대한 이해를 위해 『이집트 통치(統治)의 역사적 구분』 표를 먼저 살펴보고 다음을 진행하겠다.

[표] 이집트 통치(統治)의 역사적 구분

구분	시대	기간	비고
교화기	상(上) 이집트 교화기	4000BC~ 3500BC	교화하신 분 : 미륵불 교화 대상 : 아미타불 후손인 이스라엘인과 쌍둥이 천왕불 후손 구석기인을 신석기인으로 전환
	하(下) 이집트 교화기 (선 왕조)	4400BC~ 3900BC	교화하신 분 : 아미타불 교화 대상 : 아미타불 직계 구석기인과 천관파군 1세 후손 구석기인

문명기	원 왕조 (0 Dynasty)	3900BC~ 3100BC	호루스(Horus)로 이름하신 《메시아(Messiah)》이신 《미륵불》이 이집트를 통일하여 왕조 시대를 출발 준비를 위한 통치 기간
왕조시대	이집트 내부 세력에 의한 통치기(3100BC~1077BC)			
	1. 1 왕조 ~ 12 왕조	3100BC~ 1802BC	《석가모니 하나님 부처님》 직계 불(佛), 보살(菩薩)들만 통치
	2. 13 왕조 ~ 20 왕조	1802BC~ 1077BC	《석가모니 하나님 부처님》 직계 불(佛), 보살(菩薩) 및 대마왕들과 《악마(惡魔)의 신(神)》들인 대마왕신(神)들이 혼재되어 통치
	이집트 외부 세력에 의한 통치기(1077BC~AD1953)			
	1. 내부 요청에 의한 외부 세력 지배기	1077BC~ 332BC	
	2. 순수 외부 침략으로 인한 지배기	332BC~ AD1953	

1) 고전 고대

① 프톨레마이오스 왕조 (Ptolemai Egypt)	332BC~30BC	
② 로마제국과 비잔틴 제국 점령	30BC~AD641	
③ 사산 페르시아 제국 점령(Sassanid Egypt)	AD621~AD629	

2) 아랍 세력 점령기(중세)

① 아랍(Arab Egypt)	AD641~AD969	
② 파티마 왕조 (Fatimid Egypt)	AD969~AD1171	
③ 아이유브 왕조 (Ayyubid Egypt)	AD1171~AD1250	
④ 맘루크 왕조 (Mamluk Egypt)	AD1250~AD1517	

3) 초기 현대

① 오스만 왕조 (Ottoman Egypt)	AD1517~AD1867	
② 이집트 크헤이바테 (Kheivate of Egypt)	AD1867~AD1914	

4) 현대

① 영국 점령기	AD1882~AD1953	
② 공화정	AD1953~현재	

상기 [이집트 통치(統治)의 역사적 구분]표에서 드러난 바와 같이 《원 왕조 ~ 12 왕조》(3900BC~1802BC)까지의 역사(歷史)는 순수한 《이스라엘》 민족의 역사이다. 이러한 왕조(王朝)들은 《착함(善)》을 근본 바탕으로 하는 《석가모니 하나님 부처님》 직계 불보살(佛菩薩)들이신 《미륵불》, 《아미타불》 등과 이와 연루된 《대관세음보살》, 《약왕보살》, 《약상보살》, 《관세음보살》 등께서 《신전(神殿)》과 《사원(寺院)》 등에서 호칭을 달리하시어 자리하시는 것이다.

《상(上) 이집트》 나일강 인접 지역에 위치한 《카르나크 신전(神殿)》(Karnak Temple Complex)을 "예"로 들면 《테베 삼신(三神)》(Theban Triad)으로 《아문(Amun)》 또는 《아멘(Amen)》으로 이름하는 《석가모니 하나님 부처님》과 《뮤트(Mut)》로 이름하는 《관세음보살》과 아들 《콘수(Khonsu)》 또는 《몬투(Montu)》로 이름되는 《메시아(Messiah)》이신 《미륵불》이 《테베 삼신(三神)》(Theban Triad)으로 자리한 것이다.

이와 같은 《카르나크 신전(神殿)》(Karnak Temple Complex)이 《초기 기독교(基督敎)》의 총본산으로써 《테베 삼신(三神)》의 《아멘(Amen)》으로 이름하는 《석가모니 하나님 부처님》이 《석가모니 하나님 부처님》 《진리(眞理)의 법(法)》으로 인간들을 구원(救援)한다는 사상(思想)이 《크라이스트(Christ)》 사상(思想)이 되며 《몬투(Montu)》로 이름되는 《메시아(Messiah)》이신 《미륵불》이 《석가모니 하나님 부처님》 《진리(眞理)의 법(法)》을 해설한 《실상(實相)의 법(法)》으로써 인간들을 《구원(救援)》의 길로 인도한다는 뜻이 담긴 사상(思想)이 《아노 도미니(Anno Domini)》이다.

이러한 《크라이스트(Christ, 그리스도)》 사상과 《아노 도미니 사상》이 이미 《BC 1990년》경에 전래된 《테베 삼신(三神)》과 《사상(思想)》으로써 《이집트 신화(神話)》와 《신화도(神話圖)》와 《피라미드 텍스트(Pyramid texts)》 등으로, 《이집트》 《12왕조》 초대 왕이 되셨던 《아메넴헤트 1세(Amenemhat I)》(재위 1991BC~1962BC) 파라오로 이름하고 오셨던 훗날 《예수님》(생몰 AD274~AD310)으로 이름하고 오시게 되는 《약왕보살》이 《이스라엘》 민족(民族)

을 위한 종교(宗敎)인 《초기 기독교(基督敎)》를 만들어 출발시킴으로써 《히브리 왕국》(1996BC~931BC)을 출발시킨 《아브람(Abram)》(재위 1996BC~1841BC)으로 이름한 《아미타불》이 《타나크(Tanakh)》를 《유대교》 성경으로 하여 《유대인》들을 위한 《유대교》를 출발시킨 때를 맞춰 《이스라엘인》의 최고 조상인 《약왕보살》이 때에 《이스라엘인》들을 위한 종교(宗敎)를 출발시킨 것이 《테베 삼신(三神)》을 받드는 《초기 기독교》인 것이다.

《유대인》들의 종교(宗敎)인 《유대교》는 《히브리 왕국》 초대 왕 《아브람(Abram)》 때에 《아브람》으로 이름한 《아미타불》이 최고 《악마(惡魔)의 신(神)》인 《비로자나 1세》의 《공중성(空中聲)》에 속아 어리석게도 40년(年) 동안 끌려 다닌 덕분에 《악마(惡魔)의 신(神)》인 《야훼 신(神)》을 《하나님》으로 받드는 《야훼교(敎)》로 바뀐 후 《바빌론 유수》(520BC~483BC) 이후 《자칭 유대인》들에 의해 수난을 당한 이후 《유대교》 성경인 《타나크(Tanakh)》가 2차 왜곡된 《구약(舊約)》으로 바뀌어 오늘날 《로마 가톨릭》으로 그 간판이 바뀌었다면, 《초기 기독교》를 종교(宗敎)로 하였던 《이집트》는 이후 《악마(惡魔)의 신(神)》들의 계략에 의한 《모세》에 의해 《이스라엘》 장자민족(長子民族)이 《히브리 왕국》으로 되돌아가는 일을 겪은 후 이후 《북 이스라엘 왕국(Northern kingdom of Israel)》(931BC~722BC)을 거쳐 《앗시리아(Assyria)》《살만에세르 5세(Shalmaneser V)》(재위 727BC~721BC)로 이름한 《악마(惡魔)의 신(神)》《천관파군 1세》에게 멸망당한 후 그 백성(百姓)들은 《유대 왕국(Southern kingdom of Judah)》(931BC ~520BC)에 합하여졌으나 《유대 왕국》도 BC 520년에 《신바빌로니아》《나보니두스(Nabonidus)》(550BC~483BC, 재위 525BC~483BC)로 이름한 《대마왕(大魔王)》《무곡성불》과 《페르시아》의 《다리우스 1세(Darius I)》(50BC~486BC, 재위 522BC~486BC)로 이름한 《악마(惡魔)의 신(神)》《천관파군 1세》 연합군에 의해 패망한 후 《유대인》과 《이스라엘인》들은 《바빌론(Babylon)》으로 포로로 끌려간 후 BC 483년 《아키메네스 왕조(Achae menid dynasty)》 4대왕 《키루스 2세(Cyrus II)》(재위 485 BC~433BC)로 이름한 《노사나불 분신(分身)》이 《신바빌로니아》를 멸망시키고 《나보니두스(Nabonidus)》로 이름한 《대마왕(大魔王)》《무곡성불》을 처형함으로써 포로로 끌려온 《유대인》과 《이스라엘인》들에게 자유를 줌으로써 《유대인》들은 《예루살렘》으로 돌아가고 《이스라엘인》들은 이때 비로소 《이집트》로 돌아가는 것이다.

　이와 같이 BC 1156년 《모세(Moses)》(생몰 1211BC~1136BC)로 이름한 《악마(惡魔)의 신(神)》인 《묘음보살》이 《이스라엘》 장자 민족(長子民族)을 이끌고 《이집트》를 떠난 사건 역시 《악마(惡魔)의 신(神)》들인 최고의 《대마왕신(神)》 《비로자나 1세》와 《석가모니》 등의 계략으로 《이스라엘인》들의 종교(宗敎)인 《크라이스트(Christ, 그리스도)》 사상과 《아노 도미니(Anno Domini)》 사상이 바탕이 된 《테베 삼신(三神)》을 받드는 《초기 기독교》를 없애기 위한 수순이었다는 점을 후대(後代)의 《기독인》들은 분명히 알아야 하며, 이후 《이스라엘 후손》 민족들이 살고 있는 《이집트》도 『이집트 통치(統治)의 역사적 구분』에도 드러나 있듯이 《악마(惡魔)의 신(神)》들과 《대마왕(大魔王)》들의 나라들이 다스리는 《외부 세력에 의한 통치기》(1077BC~AD1953)를 거치는 동안 《초기 기독교》도 《아미타불》께서 창시(創始)하신 《정토불교(淨土佛敎)》로 알려진 《오시리스 신앙》에 흡수 통합되었으나, 뒷날 《로마 왕정》(753BC~509BC)과 《로마 공화정》(509BC~27BC)에서 《초기 기독교》는 《로마 신교(神敎)》로 거듭 태어남으로써 《아멘(Amen)》이신 《석가모니 하나님 부처님》을 《쥬피터(Jupiter) 신(神)》으로 이름하고 《화성(火星)》을 법신(法身)으로 하셨던 《메시아》이신 《미륵불》을 《마르스(Mars) 신(神)》으로 이름하고 뒷날 《퀴리누스(Quirinus)》로 이름한 최고 《악마(惡魔)의 신(神)》《비로자나 1세》 대신 《천지인(天地人)》 우주 구분에서 《지(地)》의 우주를 선도하시는 《노사나불(佛)》이 《미네르바(Minerva) 신(神)》으로 이름하고 《카피톨린 삼신(三神)》으로 자리함으로써 《초기 기독교》는 《로마 신교(神敎)》로써 꽃을 피우는 것이다.

즉, 《로마 공화정(共和政)》(509BC~27BC)에서는 《카피톨린 삼신(三神)》(Capitoline Triad)으로 《목성(木星, Jupiter)》을 《법신(法身)》으로 하신 《석가모니 하나님 부처님》을 최고(最高)의 신(神)으로서 《주피터(Jupiter) 신(神)》으로 이름하고 《화성(火星, Mars)》을 법신(法身)으로 하신 《메시아(Messiah)》이신 《미륵불》을 《마르스(Mars) 신(神)》으로 이름하고 《태양성(太陽星)》을 법신(法身)으로 하신 《노사나불》을 《미네르바(Minerva) 신(神)》으로 이름하심으로써 《카피톨린 삼신(三神)》으로 받들고 신앙(信仰)을 한 것이다.

    이러한 《카피톨린 삼신(三神)》 외에도 《로마》에서는 《관세음보살》을 받드는 《빅토리(Victory)》 신전(神殿)과 《일월등명불》을 받드는 《주노(Juno)》 신전(神殿)과 또 다른 《관세음보살 2세》를 받드는 《디아나(Diana)》 신전(神殿)과 《대관세음보살》을 받드는 《테미누스(Terminus)》 신전(神殿)과 《용시보살》을 받드는 《포르투나(Fortuna)》 신전(神殿) 등이 있은 것으로 볼 때, 때에 《불보살(佛菩薩)》들의 호칭을 《신(神)》으로 호칭을 함과 동시에 《불보살(佛菩薩)》들의 명호(名號)를 《신명(神名)》으로 나타낸 차이 밖에 없음을 여러분들은 아셔야 하며, 《로마 왕정(王政)》과 《로마 공화정(共和政)》에서는 《석가모니 하나님 부처님》을 중심으로 모든 《불보살》들을 《신(神)》으로 이름하고 《로마 종교(宗敎)》를 이끌어 왔으며 이분들은 실제 인간 육신(肉身)을 가지고 태어나서 인간들을 일깨우기 위해 반복(反復)되는 윤회(輪廻)로 지도자로서 활동한 사실을 똑바로 알아야 하며, 《신(神)》의 호칭과 《신명(神名)》은 달라도 《로마 왕정》과 《로마 공화정》은 《초기 기독교》 연장선상에서 《로마 신교(神敎)》를 신앙하였으며 이러한 《이스라엘인》들의 종교인 《초기 기독교》나 《로마 신교(神敎)》 모두가 《보살불교(菩薩佛敎)》라는 사실을 《메시아(Messiah)》이신 《미륵불》이 분명히 하는 것이다.

(2) [로마 구원사상(救援思想)과 《줄리안력(歷)》]

 《줄리어스 시저(Julius Caesar)》가 《BC 48년》 《이집트》에 갔을 때 《이집트》에서는 1년이 《365일》이라는 고정된 년도를 사용하는 《태양력(太陽曆)》을 경험하고 《로마》로 돌아와서 달력 문제를 해결하기 위해 시도하던 중 때마침 《석가모니 하나님 부처님》께서 《알렉산드리아》에서 《소시제네스(Sosigenes)》(생몰 105BC~44BC)로 이름하시고 《천문학자》로 계셨을 때 《석가모니 하나님 부처님》이신 《소시제네스(Sosigenes)》의 도움을 얻어 《줄리안력(歷)》과 《천문학(天文學)》 《책력(연감)》을 만들어 《문수보살 1세》인 《줄리어스 시저(Julius Caesar)》에게 전달함으로써 이에 《줄리어스 시저(Julius Caesar)》

는 《줄리안력(歷, Julian calendar)》의 발표와 함께 《서력기원(西曆紀元)》 《원년(元年)》을 발표한 것이다.

 진행을 하면서 《필자》가 여러 번 밝혀 왔다시피 《서력기원(西曆紀元)》 원년(元年)은 이러한 《줄리안력(歷)》에서 비롯된 것으로써, 《원년(元年)》의 기준이 되는 별(星)이 《문수보살》의 법신(法身)인 지금의 《용(龍)자리》 《알파성(星)》 북쪽에 자리하고 있는 외톨이 별(星)인 《예수》의 전신(前身)인 《세트 신(神)》의 법신(法身)으로써 이를 《예수의 별》이라고도 한다. 이러한 《예수의 별》을 기준한 《서력기원(西曆紀元)》 원년(元年)의 《기원전(紀元前)》을 Before Christ(비포 크라이스트)의 약자인 《BC》로 표기하고 《기원후(紀元後)》를 Anno Domini(아노 도미니)의 약자인 《AD》로 표기하여 《크라이스트(Christ)》 사상(思想)과 《아노 도미니(Anno Domini)》 사상(思想)을 《서력기원》에 담은 것이다.

 이러한 《크라이스트(Christ)》 사상은 《초기 기독교》에서 설명 드린 바와 같이 《석가모니 하나님 부처님》이신 《아멘(Amen)》의 《진리(眞理)의 법(法)》으로 인간들을 구원하는 사상(思想)이다.

 즉, 《BC》로 표기되는 《Before Christ(비포 크라이스트)》의 《크라이스트(Christ, 그리스도)》는 《원천창조주》로서 《석가모니 하나님 부처님》이신 《아멘(Amen)》께서 《진리(眞理)의 법(法)》으로 인간들을 구원(救援)하시는 의미를 줄인 **《창조주의 구원(救援)》**을 뜻하는 용어로써 《석가모니 하나님 부처님》이신 《아멘(Amen)》에 의한 《구원이전》을 뜻하는 용어가 《Before Christ(비포 크라이스트)》인 것이며, 《아노 도미니(Anno Domini)》는 《메시아》이신 《미륵불》에게 《메시아》이신 《미륵불》의 법(法)인 《실상(實相)의 법(法)》으로써 《석가모니 하나님 부처님》이신 《아멘(Amen)》의 《진리(眞理)의 법(法)》으로 인도하여 달라고 요청하는 기원문(祈願文)으로써 『**메시아여, 저희들을 구원(救援)된 길로 인도하소서**』라고 기원(祈願)하는 용어가 《Anno Domini(아노 도미니)》이다.

 이렇듯 《BC》와 《AD》는 《메시아(Messiah)》이신 《미륵불》이 《구원(救援)》의 길로 인도하게 되면 《구세주(救世主)》이신 《석가모니 하나님 부처님》께서 《구원(救援)》하시게 된다는 《구원사상(救援思想)》이 《서력기원》에 깃들어 있음과 동시에 《서력기원》이 다하면 《구원(救援)》의 때가 오게 됨을 묵시적으로 예언한 것이 《BC》와 《AD》를 《기원전후》로 표기하는 뜻이 되는 것이다.

여러 번 말씀 드렸듯이, 《아미타불》이나 《노사나불》이나 《미륵불》 등 불법(佛法) 일치를 이루신 부처님들 모두는 《중생(衆生)》들을 《구원(救援)》의 길로 인도하는 인도자일 뿐이며, 구원(救援)을 하시는 분은 단 한 분 《원천창조주》이신 《석가모니 하나님 부처님》이신 《아멘(Amen)》 뿐이심을 명심하시기 바란다.

이러한 《서력기원》에 《구세주(救世主)》이신 《석가모니 하나님 부처님》으로 인한 《구원사상》을 담게 된 배경은 《로마 공화정》(509BC~27BC)까지는 《석가모니 하나님 부처님》을 비롯한 불법(佛法) 일치를 이루신 큰 부처님들이신 《아미타불》,《노사나불》,《미륵불》 등께서 반복(反復)되는 윤회(輪廻)로 《집정관(執政官, consul)》들이 되시어 노력하신 결과, 《로마인》들에게는 《도덕성(道德性)》과 《사회정의(社會正義)》가 확립이 되고 그러한 바탕에 《석가모니 하나님 부처님》《진리(眞理)》의 《법(法)》인 《진화(進化)》의 이치가 완전히 뿌리 내린 것이다.

이러한 증거가 《로마 신화(神話)》이며, 《주피터(Jupiter)》 신전이며, 《마르스(Mars)》 신전이며, 《로마》에 있는 각종 《신전(神殿)》들이다. 이러한 《신전(神殿)》들 중 《주피터 신전》은 《목성(木星, Jupiter)》을 법신(法身)으로 한 《석가모니 하나님 부처님》을 섬기는 《신전》이며, 《마르스 신전》은 《화성(火星, Mars)》을 법신(法身)으로 한 《메시아(Messiah)》이신 《미륵불(佛)》을 받드는 《신전》이다. 때문에 이와 같은 증거들은 《석가모니 하나님 부처님》《진리(眞理)》의 법(法)인 《우주간(宇宙間)》의 법(法)이 정착하지 않고는 있을 수 없는 증거가 되는 것이다.

이러한 가운데 《로마 공화정》 중반 무렵부터는 《로

마》를 비롯한 《로마》 점령지와 전 《유럽》 등지에 《초기 기독교》의 《크라이스트(Christ)》 사상과 《아노 도미니(Anno Domini)》 사상이 보편화되어 있었던 것이다.

 이와 같이 《로마 공화정》 마지막 무렵 《딕타토르(Dictator)》였던 《줄리어스 시저(Julius Caesar)》가 《줄리안력(歷)》(Julian calendar, 율리우스력)을 발표한 것이 《줄리어스 시저》로 이름하였던 《문수보살 1세》를 《대마왕》 불보살들과 《악마(惡魔)의 신(神)》들인 《대마왕신(神)》들이 《암살》하게 된 직접적인 원인이며, 이후 《로마 제국(帝國)》(27BC~AD286)을 선포하고 《석가모니 하나님 부처님》 《진리(眞理)》의 법(法)에 반기를 든 《2차 우주 쿠데타》를 《지상(地上)》에서 일으킨 직접적인 원인이 되는 것이다.

※ 특기(特記)

[줄리안(Julian) 력(曆)과 아노 도미니(Anno Domini) 사상(思想)의 수난(受難)과 그레고리안(Gregorian) 력(曆)]

《우주간(宇宙間)》과 《세간(世間)》의 《대사기꾼》인 악질 《악마(惡魔)의 신(神)》으로서 《대마왕신(神)》《천관파군 2세》인 《이오 신(神)》이 반복(反復)되는 윤회(輪廻)를 통하여 이번에는 《디오니시우스 엑시구스(Dionysius Exiguus)》(생몰 AD470~AD544)로 이름하고 태어나서 있지도 않았던 《예수님》 부활을 기념하는 《부활절》 테이블을 고안하면서 힌트(Hint)를 얻어 다음과 같은 목적으로 다시 지상(地上)의 인류들을 속이는 파렴치한 《대사기극》을 준비하는 것이다. 이와 같이 그가 《대사기극》을 벌이기 위해 노린 목적부터 설명을 드리면 다음과 같다.

(1) 《부활절》 테이블의 합리화
 ※ 부활절 주야 평분시가 《줄리안력(Julian calen

dar)》은 유동적, 《그레고리안력(Gregorian calendar)》에서는 주야 평분시가 고정

(2) 《아노 도미니(Anno Domini)》 사상의 탈취
※ 《아노 도미니(Anno Domini)》 기원(紀元)의 개발자로 자처

(3) 《줄리안력(歷)》 탈취
※ 훗날 반복되는 윤회로 《로마 가톨릭》 교황(敎皇) 《그레고리 13세(Gregory XIII)》(생몰 AD1502~AD1585)가 되었을 때 전생(前生) 《엑시구스》 때에 《줄리안력》(Julian calendar)을 일부 수정한 내용을 가지고 《줄리안력》 자체를 《그레고리안력(歷)》(Gregorian calendar)으로 이름함으로써 《줄리안력》을 탈취한 것임.

상기와 같은 목적을 위해 《디오니시우스 엑시구스(Dionysius Exiguus)》가 준비한 내용을 간단한 《표》로 만들어 다음 설명을 드리도록 하겠다.

[표] 《줄리안력(Julian calendar)과
그레고리안력(Gregorian calendar)의 차이 비교표》

자전축 기울기(Axial tilt)	23°26′21″.4119
《고정(固定)된 자전축 기울기에 따른 태양년	365.24219827일
줄리안력 태양년	365.25일
그레고리안력 태양년	365.2425일
※ 비고 : · 디오니시우스 엑시구스(Dionysius Exiguus, 생몰 AD470~AD544) - 신명(神名) : 《악마(惡魔)의 신(神)》인 천관파군 2세인 이오 신(神) - 부활절 테이블 고안자 - 아노 도미니 기원(Anno Domini era) 개발자로 자처한 사기꾼. · 교황 그레고리 13세(Pope Gregory XIII, 생몰 AD1502~AD1585) - 신명(神名) : 《악마(惡魔)의 신(神)》인 천관파군 2세인 이오 신(神) - 교황 재직 AD1572~AD1585 - 그레고리력 창시자	

※ 상기《표》의 설명에 앞서 여러분들께서는 우주간(宇宙間)의 진리(眞理) 한 부분을 이해하셔야 상기《표》의 설명을 이해하시는 데 큰 도움이 됨으로써 먼저《우주간(宇宙間)》의 진리(眞理) 한 부분부터 말씀 드리도록 하겠다.

현재의 《오리온좌》 성단(星團)을 《천일일(天一一) 우주》
라고 한다. 이러한 《천일일(天一一) 우주》는 현존(現存)
우주 최초로 태어난 《상천궁(上天宮)》과 함께 《석가모니
하나님 부처님》께서 직접 만드신 《우주(宇宙)》이다. 《
석가모니 하나님 부처님》께서는 이와 같은 《천일일(天
一一) 우주》를 완성하신 이후 《쌍둥이》 이동 천궁도 성
단인 《6×5×6》 천궁도 성단을 만드시어 《천일일(天一
一) 우주》 아래의 우주로 여행을 하시다가 《인일일(人一
一) 우주》가 들어설 곳에 도착한 후 《쌍둥이》 천궁(天
宮) 중 한쪽이 먼저 진화(進化)를 마친 후 대폭발을 일
으켜 지금의 우리들 태양계에 자리한 《중성자(中性子)》
《태양성(太陽星)》인 《목성(木星)》을 탄생시킨다. 이러한
《목성(木星)》이 《석가모니 하나님 부처님》의 법신(法身)
이다.

 이와 같이 하여 태어난 《중성자(中性子)》《태양성(太陽
星)》인 《목성(木星)》은 《쌍둥이 천궁》 중 남은 한쪽의
천궁(天宮)을 중심하여 외곽에 《목성(木星)》이 자리하여
새로운 이동 성단을 이룬 이후 여행을 하면서 《인일일
(人一一)》 우주를 완성시키고 《인일이(人一二) 우주》를 절

반쯤 만들었을 때 《이동 성단》 중심을 이루었던 《천궁(天宮)》도 진화의 과정을 모두 마치고 《목성(木星)》이 탄생한 이후 《15억 년(億年)》만에 대폭발을 일으켜 《지구(地球)》와 《달(月)》, 《화성(火星)》 등 삼성(三星)을 차례로 탄생시키게 된다.

이렇게 하여 탄생된 《목성》, 《지구(地球)》, 《달(月)》, 《화성(火星)》 등 4성(四星)을 《석가모니 하나님 부처님》 《진신 4성(眞身四星)》이라고 하며, 이러한 《진신 4성(眞身四星)》은 《석가모니 하나님 부처님》 법신(法身)인 《중성자(中性子)》《태양성(太陽星)》을 중심으로 《지구》, 《달》, 《화성》이 우주간(宇宙間)의 법칙 중 하나인 《1-3의 법칙》에 의해 자리함으로써 《지구》, 《달》, 《화성》 등의 3성(三星)은 《지축(地軸)》의 기울기와 《자전(自轉)》 속도 등은 《목성(木星)》의 《통제하(統制下)》에 있게 되는 것이다. 이러한 《진신 4성(眞身四星)》 중 《지구(地球)》는 한때 《문수보살 1세》의 법신(法身)이었으나 《문수보살 1세》가 《지상(地上)》에 와서 《대마왕》이 되었기 때문에 《단군왕검》 이후부터는 《석가모니 하나님 부처님》께서 환수하시어 관리하시는 상태이며, 《달(月)》은 《관세음보살 1세》의 법신(法身)이며, 《화성(火星)》은 《메시아(Messiah)》의 법신(法身)이 된다.

이렇게 하여 탄생된 《석가모니 하나님 부처님》《진신 4성(眞身四星)》은 《인일이(人一二)》 우주를 완성하고 이어서 《인일삼(人一三)》 우주와 《은하수(銀河水)》를 만든 후 《중계(中界)의 우주》로 넘어와서 《노사나불》《지일(地一)》의 7성(七星)과 만나 지금으로부터 《20억 년(億年)》 전(前)에 현재와 같은 《태양계(太陽界)》를 이루게 된다.

이와 같은 《태양계(太陽界)》를 이루기 이전 《석가모니 하나님 부처님》 진신 4성은 《천(天)》과 《인(人)》의 우주의 길인 《시계 방향》의 회전을 하는 《1-3-1의 길》을 따르고 《노사나불》《지일(地一)》의 7성(七星)인 《태양성》, 《수성》, 《금성》, 《토성》, 《천왕성》, 《해왕성》, 《명왕성》 등 7성은 《지(地)》의 우주의 길인 《시계 반대 방향》의 회전을 하는 《1-4-1의 길》을 따르고 있었으나 《노사나불》《지일(地一)》의 7성(星)과 《석가모니 하나님 부처님》《진신 4성》이 만나 하나의 《태양계(太陽

界)》를 이루게 됨으로써 《선천우주(先天宇宙)》 동안은 《노사나불》 법신(法身)인 《태양성(太陽星)》을 중심한 《시계 반대 방향》 회전 체제인 《지(地)의 우주》 운행 체계로 들어가게 된다. 이로써 《석가모니 하나님 부처님》《진신 4성》 모두가 《회전 방향》이 《시계 반대 방향》 회전으로 바뀌게 됨으로써 《지구(地球)》의 축(軸)이 《23°26′21″.4119》로 기울어지게 된 것이다.

이렇듯 《지구》의 축(軸)이 기울어져도 이의 《통제력》은 《노사나불》의 《태양성》이 갖는 것이 아니라 《목성(木星)》이 가지고 있는 것이다. 이러한 《지구(地球)》의 자전축(自轉軸)이 항상 고정되어 있는 것이 아니고 회전(回轉)을 하면서 《자전축》의 《고정점》에서 일정한 《오차》 범위 내에서 《역동적(力動的)》으로 움직이게 되는 것이 정상적인 것이다.

이러한 일정한 《오차》 범위 내에서 《역동적》으로 움직이는 《자전축》을 무시하고 《자전축》이 《고정점(固定點)》에 고착(固着)이 된 측정치인 《23°26′21″.4119》 때

계산한 《태양년》이 《365.24219827일》이다. 이러한 《태양년》의 측정치는 실제의 《태양년》과는 상당한 차이가 나는 것이다.

이러한 것을 감안하여 《석가모니 하나님 부처님》께서 《소시제네스(Sosigenes)》(생몰 105BC~44BC)로 이름하고 오시어 《줄리안(Julian) 력(歷)》을 만드실 때 《자전축》의 《오차》를 《23.4°》로 묶고 《자전(自轉)》하는 《지구(地球)》의 《속도》를 통제(統制)함으로써 얻어내신 《태양년》이 《365.25일》이다.

《목성(木星)》이 《중성자 태양성(太陽星)》으로써 《석가모니 하나님 부처님》의 법신(法身)이며, 이러한 《석가모니 하나님 부처님》의 법신(法身)인 《목성(木星)》이 《지구축(地球軸)》의 기울기와 《회전(回轉)》 속도를 《통제(統制)》함을 진행을 하면서 말씀 드렸다. 즉, 이러한 뜻은 현재의 《태양성(太陽星)》을 중심으로 하는 《지구(地球)》의 공전과 자전은 《석가모니 하나님 부처님》 뜻에 의해 이루어지는 것이며, 《태양년》인 《365.25일》 역시 《석가모니 하나님 부처님》뜻에 의해 《통제(統制)》되고 《결정》된다는 사실을 모든 인간들은 알아야 하는 것이다.

이와 같이 하여 《태양년》이 《줄리안력(歷)》(Julian calendar)에서 《365.25일》로 결정된 사실도 모르는 《대사기꾼》《악마(惡魔)의 신(神)》인 《디오니시우스 엑시구스(Dionysius Exiguus)》로 이름한 《천관파군 2세》인 《이오 신(神)》은 날조되고 허위로 만들어진 《부활절》《테이블》을 만들면서 《줄리안력(율리우스력, Julian calendar)》은 주야평분시가 유동적이 되다 보니 이의 신빙성을 높이기 위해 주야 평분시를 고정시키기 위해 《태양년》을 《365.2425일》로 만든 것이다.

이러한 《태양년》을 숫자로 나열하면,

○ 지구(地球)의 자전축이 고정(固定)되어
  23°26′21″.4119가 되었을 때 태양년 :
  　　　　　365.24219827일
○ 줄리안(Julian) 력(歷) 태양년 : 365.25일

○ 그레고리안(Gregorian) 력(歷) 태양년 :

365.2425일

이상의 《태양년》 숫자 나열로 봤을 때 《그레고리안력(歷)》의 《태양년》인 《365.2425일》은 지구(地球)의 자전축(自轉軸)이 고정(固定)되었을 때의 《태양년》인 《365.24219827일》과는 근접하여 있다. 이러한 근접 수치가 나왔다 함은 지구(地球) 자전축(自轉軸)의 《오차》 범위를 인정한 것이 되는 것이다. 즉, 이 《대사기꾼》은 지구(地球) 자전축의 《오차》를 인위적(人爲的)으로 설정하였다는 뜻이 되는 것이다.

이와 같이 지구의 《자전축》이나 회전(回轉)에 대한 《통제력(統制力)》도 갖추지 못한 자가 임의로 그가 설정한 지구 《자전축》의 《오차》 범위 내에서만 《지구(地球)》가 《자전》을 하여야만 된다는 웃지못할 짓을 해놓고 《그레고리안력(歷)》의 《태양년》이 《365.2425일》이 된다는 억지 논리(論理)를 펴고 있는 것이다.

《석가모니 하나님 부처님》께서 《줄리안력(歷)》을 만드시면서 지구의 《자전축》의 《오차》 범위를 최대한 정확도를 높이기 위한 《23.4°》로 하시고 《오차》가 《+》가 되거나 《-》가 되었을 때는 지구의 자전 속도를 통제(統制)하심으로써 《태양년》을 《365.25일》로 하신 것이기 때문에 《줄리안력(歷)》의 《태양년》 《365.25일》은 정확한 날짜 계산인 것이다.

이러한 전문적인 지식이 없는 인간들에게 《악마(惡魔)의 신(神)》으로서 《대사기꾼》인 《디오니시우스 엑시구스(Dionysius Exiguus)》(AD470~AD544)로 이름한 《천관파군 2세》인 《이오 신(神)》은 《지축(地軸)》이 《오차》 범위를 가지고 《역동적(力動的)》으로 움직인다는 사실을 감추고, 《지축》이 《고정(固定)》이 되었을 때의 《태양년》인 《365.24219827일》에 그가 만든 《태양년》인 《365.2425일》이 《줄리안력》에서 말하는 《태양년》 《365.25일》보다 더 가깝고 정확하다고 거들먹거리며 날조된 《부활절》을 만들어 놓고 그 《테이블》을 만든 후 당대에 이미 훗날 반복(反復)되는 윤회(輪廻)를 통하여 《악마(惡魔)의 신(神)》으로서 《그레고리 13세(Pope Gregory XII

1)》 교황(敎皇)이 되어《줄리안력》을 탈취하여 이름만 바꾼《그레고리안력(Gregorian calendar)》을 세간(世間)에 발표하게 되는 이론적(理論的) 근거를 이때 이미 마련하여 놓고 있었던 것이다.

 이렇듯《디오니시우스 엑시구스(Dionysius Exiguus)》 (AD470~AD544)로 이름한《악마(惡魔)의 신(神)》인《대마왕신(神)》《천관파군 2세》인《이오 신(神)》이《줄리안력》을 바로 탈취하는 도둑질을 못하고 훗날을 기약하고 그 근거만 정리하여《교황청》에 보관한 이유는 당시까지만 해도《그리스》,《알제리》 등 곳곳에《줄리안력》에 밝은 현자(賢者)들이 상당수 있었기 때문에《줄리안력(Julian calendar)》으로부터 비롯된《크라이스트(Christ, 그리스도)》 사상이 담긴《BC》와《아노 도미니(Anno Domini)》 사상과 관련된《AD》 등《년(年)》의 앞뒤에 붙는《연호(年號)》에 있어서《크라이스트(Christ, 그리스도)》는《콘스탄틴 대제(大帝)》로 이름한《천관파군 1세》에 의해 그들《악마(惡魔)의 신(神)》들인《대마왕신(神)》들이《예수님》의 탈을 쓰고《하나님》 행세를 하는《예수 그리스도(Jesus Christ)》 명호(名號)를 만들면서 써 먹다

보니 남은 것은 《아노 도미니(Anno Domini)》의 약자인 《AD》이다. 이미 이의 탈취를 위해 그는 훗날을 위해 미리 그가 《아노 도미니(Anno Domini)》 개발자로 자처하는 《도둑질》《기록》을 남겨 놓게 된 것이다.

---

(3) 잘못된 기독교(基督敎)의 출현(出現)과 미륵불의 경고(警告)

《콘스탄틴(Constantine) 대제(大帝)》(AD272~AD337, 로마 황제 사칭 재위 AD312~AD324, 비잔틴 제국 재위 AD324~AD337)로 이름한 《악마(惡魔)의 신(神)》인 《대마왕신(神)》《천관파군 1세》와 당시 그의 어미인 《악마(惡魔)의 신(神)》인 《헬레나(Helena)》(AD246~AD330)로 이름한 《가이아 신(神) 1세》의 명령으로 《예수》(AD274~AD310)의 제자들 중 《대야고보》로 이름한 《악마(惡魔)의 신(神)》으로서 《대마왕신(神)》《천관파군 2세》인 《이오 신(神)》과 《베드로》로 이름한 《대마왕(大魔王)》《문수보살 1세》가 《마왕 성경》인 《신약성서》 결집을 완성한 해가 《AD 316년》이다.

이와 같이 《마왕 성경》인 《신약성서》가 완성된 《AD 316년》에 《예수》의 제자로 있었던 《베드로》로 이름한 《대마왕》《문수보살 1세》가 《자칭 유대교단》의 경전인 《구약》과 완성된 《신약성서》를 가지고 《자칭 유대교단》의 관계자들을 모두 이끌고 《예루살렘》을 떠나 《로마》에 도착한 후 《자칭 유대교단》의 명칭을 《로마 가톨릭》으로 바꾸고 《베드로》로 이름하였던 《대마왕》《문수보살 1세》가 초대 《교황(敎皇)》이 된 후 표면적으로는 《악마(惡魔)의 신(神)》인 《대마왕신(神)》《야훼신(神)》을 앞세우고 내면적으로는 최고의 《대마왕》《다보불 1세》와 최고의 《악마(惡魔)의 신(神)》인 《대마왕신(神)》《비로자나 1세》가 교대로 자리하여 《창조주》 행세를 하는 《로마 가톨릭》을 출발시키는 것이다.

이러한 때에 《콘스탄틴 대제(大帝)》로 이름한 《악마(惡魔)의 신(神)》인 《대마왕신(神)》《천관파군 1세》는 《AD

324년》에 수도를 《콘스탄티노플(현대명. 이스탄불)》로 정하고 《비잔틴 제국(帝國)》(AD324~AD1453)을 출발시킨 《AD 324년》에 《기독교》로 개종하고 《AD 325년》에 《콘스탄티노플》 근교의 작은 도시인 《니케아(Nicaea)》에서 《1차 니케아 공의회》를 개최하여 《아버지 하느님》과 아들인 《예수 그리스도》와의 관계를 토론한다고 떠벌린 후 《예수》와 《그리스도》를 합성하여 《예수 그리스도》로 이름하는 파렴치한 속임수를 쓰게 된다.

초기 기독교에서도 설명 드린 바와 같이 《예수 그리스도》로 이름하였을 때 《아멘(Amen)》이신 《석가모니 하나님 부처님》의 《진리(眞理)의 법(法)》에 의한 구원(救援) 사상이 담긴 《크라이스트(Christ, 그리스도)》를 《예수(Jesus)》와 접목시킨 《예수 그리스도(Jesus Christ)》로 이름하였을 때 《예수님》은 《예수 그리스도》로 호칭을 하는 곳에 임할 수 없는 이치가 있다.

이러한 이치를 노려 《예수 그리스도》로 호칭을 하면 《악마의 신》인 《그림자 비로자나 1세》와 《가이아 신

《(神)》과 《천관파군 1세》가 차례로 임하여 《하나님》 행세를 하는 파렴치한 속임수를 이때 이미 합리화시킨 결정이 《니케아 공의회》인 것이다.

이러한 종교 탈취 사기극을 벌인 후 《콘스탄틴 대제》(Constantine the Great)로 이름한 《악마의 신》《천관파군 1세》는 그 해에 곧바로 《밀라노 칙령》을 발표하여 《기독교》를 공인하고 《기독교》 교단인 《동방정교회》를 출발시킨다. 이러한 《동방정교회》에서 훗날 《오리엔탈 정교회》가 갈라져 나갔으며 이후 《동방정교회》는 《비잔틴 제국》 멸망 이후 《불가리아 정교회》, 《세르비아 정교회》를 거쳐 《러시아 정교회》로 자리하게 된다.

이로써 《콘스탄틴 대제(大帝)》와 《헬레나》가 장악하는 최초의 《기독교단》이 탄생한 것이 《동방정교회》로써 《로마 가톨릭》과는 출발연대가 거의 비슷하며, 이러한 《동방정교회》는 사실상 《유대인》 십만 명 이상을 학살한 《로마 제국》 51대 《디오클레티안》(생몰 AD244~

AD311, 황제 사칭 재위 AD286~AD305)으로 이름한 《악마(惡魔)의 신(神)》《그림자 비로자나 1세》와 《콘스탄틴 대제(大帝)》로 이름한 《악마(惡魔)의 신(神)》《천관파군 1세》와 《헬레나》(AD246~AD330)로 이름한 《악마(惡魔)의 신(神)》《가이아 신(神)》 등이 만든 《마왕 기독교단》으로써 이들 셋이 번갈아 가며 《예수 그리스도》로 이름하고 《하나님》 노릇을 하는 《마왕 기독교단》이다. 이러한 《동방정교회》로부터 출발한 《기독교》를 《천상(天上)》에서는 《양(陽)의 마왕 기독교단》이라고 한다.

한편, 이러한 때 《로마 가톨릭》에서 《동방 가톨릭》이 탄생하여 《기독교》의 정통 맥을 잇고 있는 《동방정교회》를 견제함으로써 이때 이미 《기독교》와 《로마 가톨릭》은 완전히 분리되어 《기독교》는 《천관파군계(系)》의 《악마(惡魔)의 신(神)》들인 《대마왕신(神)》들 차지가 되고 《로마 가톨릭》은 최고의 《대마왕》《다보불 1세계(系)》와 최고의 《악마(惡魔)의 신(神)》인 《대마왕신(神)》《비로자나 1세계(系)》의 《대마왕신(神)》들이 공동으로 차지하게 된 것이다. 이러한 사실들을 무엇이 무서운 것인지 《동서양》 모두의 기록에서는 거짓 기록들을 남겨 놓고 있는 것이다.

 이러한 이후《AD 1517년》에《로마 가톨릭》으로부터 《마틴 루터(Martin Luther)》(AD1483~AD1546)로 이름한《노사나불계(系)》의《대마왕》《천왕불 1세》와《장 칼뱅(John Calvin)》(AD1509~AD1564)으로 이름한《노사나불계(系)》의 《대마왕》《쌍둥이 천왕불 1세》에 의한《종교개혁》이 일어나《개신교(改新敎)》(Protestantism)가 탄생하여《노사나불계(系)》《대마왕》들의 차지가 되는 것이다. 이렇듯 《종교개혁》을 단행한《대마왕(大魔王)》《천왕불 1세》 와《쌍둥이 천왕불 1세》는 진리(眞理)에 순응을 하는 《대마왕(大魔王)》들로서 처음에는《악마(惡魔)의 신(神)》 에서 출발, 진화(進化)하여《대마왕(大魔王)》들이 된 분 들로서 이후 이들은《성불(成佛)》한 부처(佛)를 이루는 분들이 되는 것이다.

 이와 같이 하여 만들어진《개신교(改新敎)》《기독교단》 을《천상(天上)》에서는《양(陽)》의 마왕《기독교》보다 진화(進化)된《음(陰)》의 마왕《기독교단》으로 분류를 한다.

이러한 《음(陰)》의 마왕 《기독교단》인 《개신교(改新敎)》가 《아노 도미니》 구원 사상(思想)인 《메시아》의 사상(思想)을 근본 바탕으로 하여 《미국(美國)》으로 건너간 《청교도(淸敎徒)》들이 됨으로써 처음 《미국(美國)》으로 건너간 《개신교(改新敎)》인 《기독교》는 《기독교》 중에는 상당히 진화된 《기독교》였으나, 이후 17세기부터 등장한 《지저스 크라이스트(Jesus Christ, 예수 그리스도)》를 외치는 진화(進化)가 덜된 《양(陽)》의 마왕 《기독교》에 점점 물들어 감으로써 타락한 《기독교단》으로 바뀌어 간 것이다.

이와 같은 《종교(宗敎)》를 가진 《미국(美國)》과 《이스라엘》이 사실상 《메시아》의 후손(後孫)들 나라이다. 이러한 《메시아》 후손의 나라인 《미국(美國)》과 《이스라엘》에 때가 되면 《메시아》가 불법(佛法) 일치된 완전한 깨달음의 부처(佛)를 이룬 이후 《미국계(美國系)》 《기독교》에서 《마왕 성경》을 철폐하고 《메시아》의 사상(思想)이 표면으로 드러난 《초기 기독교》로 전환을 시키면 후손들의 《사상(思想)》과 《관념(觀念)》을 자연스럽게 바꿈으로써 후손들을 《후천우주(後天宇宙)》 구원된 우주로 인도할 수 있는 좋은 기회를 결정적으로 방해한 사건이 발생한 것이다.

 즉, 《악마(惡魔)의 신(神)》들과 《대마왕(大魔王)》들은 《미륵불》이신 《메시아》의 성불(成佛)을 오랜 세월 이전부터 집요하게 방해를 해 왔다. 이러한 차원에서 《악마(惡魔)의 신(神)》들은 《메시아》이신 《미륵》이 현생(現生)에 태어나서 때가 되면 불법(佛法) 일치된 완전한 깨달음을 얻어 《지구(地球)》를 법신(法身)으로 하여 힘(力)이 있는 부처(佛)를 이룰 것을 누구보다 잘 안다. 때문에 현생(現生)에서 《메시아》이신 《미륵》이 전생(前生) 기억을 찾지 못한 어린 나이일 때 이를 노려 《악마(惡魔)의 신(神)》들 중 《그림자 비로자나 1세》가 《문선명》(文鮮明, AD1920~AD2012)으로 이름하고 《통일교》를 만들고 《그림자 비로자나 2세》 분신(分身)1이 《박태선》(朴泰善, AD1917~AD1990)으로 이름하고 《신앙촌》을 만든 후 그들이 《메시아》임을 자처하고 《미국계(美國系)》 《기독인》들을 오염시킴으로써 뒷날 《성불(成佛)》한 그들 나라 최고 조상(祖上)인 《메시아(Messiah)》가 후손(後孫)들에게 접근하는 것을 원칙적으로 봉쇄를 한 것이다.

이로써 《메시아》의 후손(後孫)들 나라 종교(宗敎)인 《기독교》가 점점 더 《악마(惡魔)의 신(神)》들에 의해 타락해 감으로써 옛 《청교도적》 사상(思想)과 관념(觀念)은 오염되어 《메시아》가 후손 민족들을 구원(救援)의 길로 인도하고자 하는 일을 방해하는 안타까운 일들이 발생함으로써 미국 사회는 《천상(天上)》의 기후 재앙(災殃)이 끊임없이 일어나고 있는 실정이다.

고로, 이러한 《천상(天上)》의 기후 재앙(災殃)을 멈추게 하고 《미국계(美國系)》 후손 민족들의 구원(救援)을 위해 때에 《미륵불(佛)과 메시아》에 대한 근원(根源)을 밝히면서 《메시아》가 분명히 명령하는 바는 지상(地上)의 어느 곳에서든지 《메시아》를 사칭하는 종교(宗敎) 단체는 모두 해산하고 회개에 들어갈 것을 명령하는 바이며, 아울러 그 종교 단체에 소속하여 있는 모든 자(者)들에게 《메시아》가 엄중히 따로 경고하는 바는 이 경고를 무시하는 종교 단체가 있는 곳에는 엄한 《천상(天上)》의 재앙(災殃)을 내릴 것을 분명히 밝히는 바이며, 이러한 경고를 무시하는 종교 단체에 소속하여 있는 모든 자(者)들은 그들뿐만 아니라 그의 가족과

친인척 등 《삼대구족(三代九族)》을 파멸(波滅)시켜 《무간지옥(無間地獄)》으로 떨어지게 할 것임을 엄중히 경고하는 바이며,

특히 《메시아》이신 《미륵불》이 거주하고 있는 《한국(韓國)》에 있는 《악마(惡魔)의 신(神)》 《그림자 비로자나 1세》와 《그림자 비로자나 2세 분신(分身)1》이 《문선명》(文鮮明, AD1920~AD2012)과 《박태선》(朴泰善, AD1917~AD1990)으로 이름하고 와서 만든 《통일교(Unification Church)》와 《신앙촌(Shinangchon)》과 《마왕불교(魔王佛敎)》의 《미륵 종단(宗團)》과 《법주사(法住寺, Beopjusa)》와 《대순진리회(大巡眞理會, Daesun Jinrihoe)》와 《일관도(一貫道, International Moral Association)》 등의 단체도 마찬가지이며, 《마왕불교(魔王佛敎)》를 하는 각 종단(宗團) 역시 마찬가지로 이들 모두들에게도 엄중히 경고하는 바이며, 이들 역시 경고하는 바를 무시하면 그 조치 사항은 진행을 하면서 밝힌 바와 같다.

그리고 미래의 종교(宗敎)는 《초기 기독교》인 《보살불교(菩薩佛敎)》 밖에 없음을 분명히 하는 바이다.

이와 같이 때에 《메시아》의 후손 민족들인 《미국인》들에게 《메시아》가 당부 드리는 바는 그대들이 신앙(信仰)하고 있는 《지저스(Jesus, 예수)》를 찾는 《기독교》나 《지저스 크라이스트(Jesus Christ, 예수 그리스도)》를 찾는 《기독교》는 《악마(惡魔)의 신(神)》들로부터 심하게 오염이 된 종교(宗敎)이니 이러한 《종교(宗敎)》들로부터 벗어나서 이제 그대들은 《초기 기독교》의 근본인 《크라이스트(Christ, 그리스도)》 사상(思想)과 《아노 도미니(Anno Domini)》 사상(思想)이 담긴 《메시아》의 가르침을 따르는 《초기 기독인》으로 거듭 태어나야 《메시아》가 《후천우주(後天宇宙)》가 시작되는 지금의 때에 《구원(救援)》의 길로 그대들을 인도할 수 있음을 분명히 하며 그때 가서야 그대들 나라에 몰려오는 재앙(災殃)들을 물리칠 수가 있음을 분명하게 알려 드리며 처음이자 마지막으로 《메시아》가 경고 드리는 바이며,

BC 27년 《로마 제국(帝國)》이 탄생하면서 지상(地上)에서 단행된 《2차 우주 쿠데타》가 순전히 《초기 기독교》를 영원히 추방하여 《크라이스트 사상(思想)》(그리스도 사상)으로 이름되는 《석가모니 하나님 부처님》 진리(眞理)의 법(法)에 따른 인간 구원(救援) 사상과 《진리(眞

理)의 법(法)》으로 인도하는 《아노 도미니 사상(思想)》으로 이름되는 《메시아》의 《실상(實相)의 법(法)》을 침묵(沈默)시키기 위해 《악마(惡魔)의 신(神)》들인 《대마왕신(大魔王神)》들과 《대마왕(大魔王)》들에 의해 단행된 것이다.

이로써 뒷날 탄생하게 된 것이 《음양(陰陽)》의 《마왕기독교(魔王基督敎)》라는 점을 《메시아》가 분명히 하는 것이며, 이러한 행위가 비유를 하면 《악마(惡魔)의 신(神)》들이 인간 무리들을 파멸(波滅)의 길로 몰아넣기 위해 오물통에 밀어 넣음으로써 오물 독에 심하게 오염된 인간 무리들이 오물통(汚物桶)을 빠져나오지 못하고 허우적대는 형국으로써, 그 증거가 인간 구원(救援)을 목적으로 한 《초기 기독교》의 《그리스도 사상》과 《아노 도미니》 사상이 고스란히 기록된 《이집트 피라밋》《신화(神話)》와 《신화도(神話圖)》와 《피라미드 텍스트(Pyramid texts)》로써 지금도 그대들 앞에 의연히 자리하고 있다는 점을 명심하시기 바라며,

우주 진화(宇宙進化)의 법칙상 120억 년(億年)의 진화(進化)의 주기(週期)가 끝이 나면 《영체(靈體)의 진화(進化)》에

있어서 제일 정점(頂點)에 있는 《인간 무리》들의 추수가 반드시 따르게 되어 있다. 이는 《인간》들이 그들이 심은 농작물을 거두어들이는 《가을걷이》와 같은 원리이다. 이러한 때가 현재 지상(地上)에 살고 있는 인간 무리들 코앞에 닥친 《선후천우주(先後天宇宙)》 갈림길이 되는 것으로써 이때 오물독(汚物毒)을 청산하지 못한 인간 무리들은 모두 파멸의 종착지인 《무간지옥(無間地獄)》에 빠져야만 하는 진실 때문에 《메시아》가 때에 인간 무리들에게 강력히 경고하고 있다는 점을 아시기 바란다.

[10] 『메시아(Messiah)이신 미륵불(彌勒佛)의 당부(當付)』

《선천우주(先天宇宙)》에서 문명(文明)의 종말(終末) 이후 《석가모니 하나님 부처님》에 의해 추수(秋收)되어 《후천우주(後天宇宙)》로 구원(救援)이 되는 지상(地上)의 인간 무리는 지금 지상(地上)에서 반복(反復)되는 윤회(輪廻)로 진화(進化)하는 인간 무리들의 40% 정도 밖에 되지 않는다.

이와 같이 지상(地上)의 인간 무리들 중 60%는 《악마(惡魔)의 신(神)》들과 《대마왕》들로부터 종교적(宗敎的)으로 《정신지배(精神支配)》를 받은 후 《탐욕》과 《이기심》을 부추기는 지금 교육제도에서 경쟁체제를 거침으로써 《도덕성(道德性)》을 상실한 《탐욕》과 《이기심》이 극대화되는 《좌익교육(左翼敎育)》을 받은 《악마(惡魔)의 신(神)》과 《대마왕》들과 그들의 후손(後孫)들이 대물림하며 어둠의 권세(權勢)를 휘두르며 《인간 사회》 상층부

(上層部)를 다스리며 군림하며 백성(百姓)들을 다스리는 구조를 가지고 겉으로는 평등(平等)을 부르짖으며 사실상은 《계급사회》를 형성하고 있는 《정복욕》과 《지배욕》에 가득 찬 《어둠의 무리》들이 모든 《인간 사회》를 지배하고 있는 것이 현실의 실정이다.

이러한 《탐욕》과 《이기심》에 가득 찬 《어둠》의 권세(權勢)를 쥔 《어둠의 무리》들이 이번 삶을 마치고 육신(肉身)의 죽음을 맞이한 이후는 《석가모니 하나님 부처님》과 《메시아》이신 《미륵불(佛)》에 의해 벌(罰)을 받게 됨으로써 《무간지옥(無間地獄)》으로 떨어져 최소 1,200억 년(億年)에서 만억 년(萬億年)의 고통스럽고 공포스러운 진화(進化)를 하게 된다.

이러한 때 여러분들에게 권유 드리는 바는 《밤하늘》의 《우주공간(宇宙空間)》을 유심히 살펴보기를 바란다. 《밤하늘》의 《우주공간(宇宙空間)》이 《밝음》의 세력(勢力)과 《어둠》의 세력(勢力)이 서로 교차하며 세력(勢力) 다툼을 심하게 하는 것을 보실 수가 있을 것이다. 이와 같이 《인간 세상》도 지구계 기준 시간 《120억 년(億年)》, 우주 전체적인 시간 《1,200억 년(億年)》간 이 다툼이 계속된 결과, 지상(地上)에서 《선천우주(先天宇宙)》 끝 무렵 《악마(惡魔)》의 세력(勢力)들이 일시 승리하여 지상(地上)을 다스림으로써 고통스러운 말세(末世)가 온 것이다.

지상(地上)에서의 마지막 문명기(文明期)인 인류 《북반구 문명》(8000BC~AD2000) 이후 닥쳐왔어야 했던 《문명(文明)의 종말(終末)》이 지상(地上)의 인간 무리들 진화(進化) 때문에 불과 몇 십 년 연장된 가운데 지금의 때가 있는 것이다. 이와 같은 지상(地上)의 《선천우주(先天宇宙)》에서 《후천우주(後天宇宙)》로 넘어가는 《중앙천궁상궁(中央天宮上宮)》 운행(運行) 이후 지상은 《석가모니 하나님 부처님》과 《미륵불》께서 《악마(惡魔)의 신(神)》들과 《대마왕(大魔王)》들과 그들의 후손들 중 《어둠의 신(神)》들과 《마왕(魔王)》 무리들 모두를 처리하였기 때문에 지상(地上)에는 《밝음》의 세력들이 인간 세상을 다스리는 《이상사회》가 오게 되어 있다. 이러한 《이상세계》에는 각국의 대통령과 국무총리와 국회의원들과 대학 교육을 담당하는 교수 사회 등 인간들이 늘 꿈꾸어 오던 《출세한》 자리가 지천으로 널려 있다. 이와 같은 《이상세계》에서 《출세한》 자리로 나아갈 자(者)들 모두는 밝음의 《권력(權力)》과 《세력(勢力)》을 갖추어야 출세한 자리로 나아갈 수가 있다.

지금 사회에서 취직도 제대로 하지 못하는 대학을 나온 젊은이들과 남녀노소를 막론하고 누구든지 《밝음》의 권세(權勢)를 쥐고 출세(出世)하고 싶은 자(者)들은 하루빨리 《미륵부처님》께 와서 《밝음》의 권력과 세력 쥐는 법을 배워 다음 세상에서 출세하여 복(福) 받는 삶을 살기를 당부 드리는 것이다. 《어둠의 권세(權勢)》를 쥔 자는 지금의 때로 봐서는 《어둠의 속성(屬性)》 때문에 자기 당대에나 어둠의 권력과 세력을 휘두르다가 종국에는 육신(肉身)의 죽음 이후 《파멸(波滅)의 길》로 가야만 하는 숙명(宿命)을 가지고 있으나 《밝음》의 권세(權勢)를 쥔 자들은 세세생생 밝음을 찾아 떠나는 속성(屬性)을 가짐으로써 복(福)된 삶을 영위할 수 있는 것이다.

이와 같은 《밝음》의 권력(權力)과 세력(勢力)을 가지고 미래세에 출세하고 싶은 자(者)들은 하루빨리 《메시아》이신 《미륵불》에게 와서 공부하여 미래세에 출세한 삶을 살기를 당부 드린다. 밝음의 권세(權勢)를 쥔 자(者)들은 《어둠의 권세(權勢)》를 쥔 자(者)들을 항복 받을 수 있으며 이들이 다스리는 사회가 이상사회인 밝음의 사회가 되는 것이다.

 이를 위해 《후천우주(後天宇宙)》에서는 모든 종교(宗敎)와 《좌익사상》과 《관념(觀念)》은 사라지고 오로지 《석가모니 하나님 부처님》과 《미륵불》을 따르는 새로운 《초기 기독교》인 《보살불교(菩薩佛敎)》만 존재할 것임을 알려 드리는 것이며, 미래세(未來世)의 출세는 빠른 분들은 지금으로부터 50년(年) 후(後)이면 실현가능함을 알려 드리고 《어둠의 세력》들이 판을 치고 있는 지금 세상의 1, 2, 3,······등등등의 출세 순서는 이미 결정되어 있는 판국이니 파멸의 길로 가는 《어둠의 세력》을 따르는 것보다 복(福) 받는 《밝음의 세력》이 되는 것이 엄청 바람직한 선택이니 동서(東西)를 막론하고 지상(地上)의 모든 인간들은 《석가모니 하나님 부처님》과 《미륵불》로부터 구원(救援)이 실현되고 내세에는 출세(出世)한 복(福)된 삶을 위해 하루빨리 《미륵불(佛)》에게 와서 《메시아》이신 《미륵불》의 밝음의 법(法)을 받아서 내세(來世)에 《밝음》의 권력(權力)과 세력(勢力)을 쥐고 복(福)된 삶을 살기를 강력히 당부 드리면서 《미륵불》과 《메시아》에 대한 집필을 모두 마치겠다.

서기 2015년 4월

《메시아》이신 미륵불 씀.